中環一筆
叢書

第 ❷ 輯

來生再寫
中間派評論

阮紀宏 著

太平書局

本書圖片由《明報》提供，特此鳴謝。

「中環一筆」叢書第 2 輯

來生再寫中間派評論

作　　者： 阮紀宏

責任編輯： John Wong

封面設計： Cathy Chiu

出　　版： 太平書局

　　　　　香港筲箕灣耀興道3號東匯廣場8樓

發　　行： 香港聯合書刊物流有限公司

　　　　　香港新界荃灣德士古道220-248號荃灣工業中心16樓

印　　刷： 盈豐國際印刷有限公司

　　　　　香港柴灣康民街2號康民工業中心14樓

版　　次： 2021年 7 月第 1 版第 1 次印刷

　　　　　© 2021太平書局

　　　　　ISBN 978 962 32 9359 4

　　　　　Printed in Hong Kong

「中環一筆」叢書總序

都說歲月有痕。香港正處於百年未有之大變局。順應歷史潮流的變革是一種必然。

世上很多變革往往是被迫發生的，包括觀念的變革。任何一個事物的變革，巨大的動力在於迫切需要變革的人。香港走到變革的今天不容易。這種艱難度，香港人最清楚。

變革，就是不同於昨天，不重複今天。變革中的問題，只能透過繼續變革來解決。不斷的變革，才有不盡的活力。變革的時代，提供了發揮能力的機會，也提供了對能力的挑戰。

立足大視角，變革新香港。跳出香港看香港，跳出當前看長遠。這是本叢書第一輯、第二輯共 10 位作者的共識。

自 2014 年 7 月，零傳媒國際有限公司牽頭成立「中環一筆」評論小組，邀請香港媒體界、教育界、司法界、財經界等專家，每週撰寫關於香港時政的評論文章。他們扎根在各自的專業領域數十年，建樹良多。7 年來香港經歷了一系列的動盪，從非法佔中、雨傘運動再到 2019 年的反修例風波，他們一直堅守前線，筆耕不輟。

2015 年以來，零傳媒已先後出版了《香港傘裏傘外博弈》、《血色旺角前世今生》、《回歸 20 年 —— 香港浴火重生》、《香港超越內耗》、《香港拒絕傲慢與偏見》、《香港顏色密碼》、《衝破香港黑夜的曙光》等 7 本相關評論文集，在海內外傳遞出強有力的聲音。當時間走到 2021 年，《香港國安法》已經實施，完善選舉

制度條例刊憲，香港迎來一個新的變革契機，我們覺得需要為每一位作者的思考，專門結集出版。

這 10 位作者及其作品，分別是雷鼎鳴《龍鷹相搏 —— 香港看到的中美政經關係》、楊志剛《花開瘟疫蔓延時》、陳莊勤《沉默不螺旋》、屈穎妍《支離破碎的世界》、陳文鴻《港人的家國觀和世界觀》、阮紀宏《來生再寫中間派評論》、劉瀾昌《港人為何未能治港》、何漢權《教育，過眼不雲煙》、潘麗瓊《黑暴未了，真兇是誰？》、江迅《嬗變香港》。

感謝太平書局為此套叢書精心設計，如您將整套書擺放在一起，在書脊處會見到香港地標中環的完整海岸線，我們謹以此向各位作者致謝。

我們共同期待大變革下，香港會越來越好。

自序

　　這是我的第一本匯輯評論文章的集子，對於書名十分慎重。本來給這本書起的書名是《在知無不言與引而不發之間》，編輯說書名不宜太長，但還是想就此解釋一下。究竟寫評論的應該知無不言，還是會基於某種原因引而不發。

　　如果遵照佛家所言，「本來無一物，何處惹塵埃」，評論員只顧自身的想法，不問凡塵世俗如何看待，不就可以知無不言了嗎？所言極是，但我認真地躬身自省，仍然「一身是塵埃」，主要原因是「為世所逼」。

　　參與黑暴的年輕人說「生逢亂世」，一眾評論員義憤填膺，紛紛數落他們不知何為亂世。生於何時何世沒有選擇，但說甚麼做甚麼還是有一定自由的。我在加拿大溫莎大學畢業後，回到香港加入《文匯報》工作，完全是個人選擇。1984 年是香港一個重要的年份，《中英聯合聲明》草簽，「香港前途」底定，一個大時代即將來臨。當時香港人的心思，猶如一套電視劇的片名——《抉擇》，有些人在猶豫，究竟是死抱舊時代的一切還是甩掉包袱重新出發。我懷着迎接新時代的抱負，所以選擇了當記者。

　　我的三個學位都是新聞傳播學；新聞必須客觀公正，報道事實讓讀者作為做決定的根據，這些理論一直未敢忘記，但如何選取角度、材料比重、觀點的先後次序、背景資料的多寡等，都會影響讀者對新聞客觀公正的印象。也可以反過來問，記者是否做足了表面功夫，或者只是滿足一些所謂平衡的 "Strategic ritual"

（行禮如儀），就是客觀公正呢？

寫評論可以「不顧一切」，因為是署名文章，而且是放在評論版，讀者是抱有看觀點的期望來讀您的文章的，論據是否充分、邏輯推理是否暢順，最終由評論員本人負責。按道理，評論員可以暢所欲言，知無不言，言無不盡。

評論員寫文的業界生態，有些人寫評論是為從政路鋪墊，也有是在寫政論文章成名後，做政治公關，為政界出謀劃策而暗度陳倉地賺大錢。當然更多的是第三種，發表政論不為從政而且只有「草一般賤」的稿費回報，他們秉筆直書只為匡扶正義。我應該算是這一類。

在評論界，現階段我充其量只是個票友，前階段寫評論是工作，不署名的文章代表報館集體的意見，現階段我的正職是大學老師，工資還算可以，而且我活到這個歲數，稿費對我來說已經微不足道，更何況稿費已經多少年沒有漲過（疫情期間一篇還減了兩百，被要求與報館共渡時艱），而名氣對我來說也是浮雲，我從來沒有想過要選甚麼公職，也不準備開政治公關公司。無欲則剛，我更加有條件知無不言，但在很多情況下的評論還是引而不發，特別是對於一些人和事的批評，會忍手，套用俗套的解釋，「人雖不在江湖，仍然身不由己」。

我也曾想過另一個書名《塘邊鶴看塘裏人下鬥獸棋》，這書的內容都是評論香港的政局，及政治圈裏的人和事，政圈有點像魚塘，多少有點想象空間。從物理距離角度看，我沒有進去魚塘就是塘邊鶴無疑。有時候不跟評論的對象牽扯到一塊去，可以冷眼旁觀，而且能夠冷靜看清楚。在《明報》寫社評的時候，某日

寫某個題目的決定，不知如何被洩露，政府的局長親自來電話解釋他們的觀點，躲不過去的聽，多少也會受到影響。

完全不跟評論對象接觸也是不可能的，畢竟在香港生活工作這麼長時間，跟很多人政圈裏的人，要麼認識，要麼同在一個研討會上打過咀仗，甚至有過筆戰，至少大家都可能聽過對方的名字，或多或少總會有着千絲萬縷的關係。塘邊鶴也不可能永遠站在塘邊不進水裏去的。

評論員每天起碼花幾個小時在電視報紙新媒體看新聞，不同立場的以及中外的都看，看大千世界的風雲變幻、看局部事件的細節，才能對時局有所判斷，但很多時候遠觀只能看到事情的表面，箇中關係經局中人點撥，人與事之間的恩怨情仇才能清楚。比如上屆特首選舉，誰會參選誰會被踢出局一時間如霧裏看花，若看到某北京駐港官員這個時候專門寫的一幅字——「坐看雲起時」，就會豁然開朗，因為詩文的下一句是「偶然值林叟」；林鄭的名字，呼之欲出。後來香港出現亂局，到北京跟官員埋怨特區政府施政的種種不是，人家讓您重溫國家主席習近平的四字真言——「戰略定力」。這個時候，塘邊鶴看到魚塘的魚在不停翻滾，但翻動的只是水花而不起浪。

黑暴風潮將香港翻轉，一切都不可能回到舊時，加上正值百年一遇的世界大變局，塘邊鶴的心態，更加寫不好評論。因為香港的政圈今非昔比，再也不是魚龍混雜潛在魚塘底下興風作浪，全部都主動或被動地浮上水面，甚至是上岸玩正面交鋒，直接衝撞。陸上的走獸壁壘分明，各走各的道，一旦遇上，就是按照象獅虎豹狼狗貓鼠的階梯，一級壓一級。在政圈鬥法的人，真的很

像在下鬥獸棋，睚眦必報，錙銖必較。

　　鬥獸棋的棋盤與玩法，決定了它「每局都光怪陸離」，而且誰也不可能「捉番盤棋共行樂，衝破內心藩籬」。鬥獸棋規定對壘雙方每次只行一步，即使看到敵人來勢洶洶，您要反守為攻，也只能向着敵方亦步亦趨。此外，無論您有多大的宏圖偉略，都要守住「獸穴」，否則敵方即使是一隻小老鼠潛入您的獸穴，也可以宣佈遊戲結束。政圈與鬥獸棋不同的地方是，只有 game over，沒有「再來一局」，因為走錯一步，鋪天蓋地的評論文章會宣佈您「社會性死亡」，當評論文章都一面倒指向一個人或者一件事，您縱有獨具慧眼，也難以力挽狂瀾。

　　新聞從業員最擅長的是把問題過於簡單化，香港永恆的話題人權究竟是有還是沒有、新聞自我審查究竟是有還是沒有。雖然如此，香港政圈還是有人會下象棋的，他們會走一步想三步，懂得部署既能將軍也能抽車的「臥槽馬」招數，也有高人會下圍棋，他們有全局觀念，懂得棄子爭先（放棄局部幾顆棋子以爭取主動），甚至可能看過《棋經》的得算妙計，「故計定於內而勢成於外」。但奈何香港的政局，只讓您玩鬥獸棋，政圈中胸有成竹的，都只能護住河邊守住獸穴，無從像圍棋般，佈一個能翻雲覆雨的局。

　　評論文章最常見的是批評「馬後炮」，但更多的只是看到玩鬥獸棋的豹追狼、狗咬鼠，看多了看久了，連大局也看不懂了。黑暴風潮看到的是立法會大樓遭到踐踏，彌敦道淪為一片火海，兩間大學淪陷後滿目瘡痍，很多評論員卻「一葉障目」，只批評警察使用過分武力，對暴徒的暴行視而不見。這就不是知無不言的

問題，而是擺明車馬的政治立場問題。

評論員都有政治立場，但在大部分情況下，比如評論某項政策得失，可以將政治立場放一邊，以事論事。對於敏感的政治議題，猶如歌詞唱的一樣，「不到最後的關頭，絕不輕言戰鬥」。黑暴行動的背後是港獨思潮，黑暴一旦得逞，先不說是否真的就獨立了，他們橫行，香港永無寧日，這就是最後關頭，沒有評論員可以在這個時候還能夠以「中間派」自居的。您譴責黑暴，黃絲罵您；您不譴責藍絲，黃絲也罵您。這個時候，評論員必須為除暴安良大聲疾呼。然而，這個時候還會有評論員為逍遙派辯解，說分不清對這場風暴究竟是「內部矛盾」還是「敵我矛盾」。

黑暴風潮，美國在背後操縱的角色呼之欲出，到了這個時候，就肯定不是「如何處理人民內部矛盾問題」。大敵當前，評論員的身份添加了一層匹夫之責。在香港黑暴風潮的美國角色問題上，評論員的選擇只有一種，就是作為中國人的立場，沒有中間的立場，居中的在哪裏？中美之間隔着一個太平洋，居中的下場只有被海浪推到深淵。中英在香港回歸過渡期的鬥法，有誰可以超然於兩國的立場之間，唯一的例子是陳方安生。她是在有英國人撐腰的情況下裝成中間派，回歸儀式上還坐在中英兩國代表團的中間位置，後來還不是原形畢露，撕掉她的所謂中間派面紗。

黑暴風潮是史無前例的，當然也就到了必須出手的「最後關頭」。其實，對於評論員而言，誰也不會去算計那個才是最後，寫到不能再寫的最後一篇才算是最後，表態跟時代有更大的關係，當事件牽涉到國家民族大義的時候，就是為世所逼。人人都要為國家民族利益發聲，這種時代不會無休止持續下去，希望在

很快的未來，很多評論員就無需為世所逼。

時代的呼喚，評論員無法選擇中間派，社會撕裂到壁壘分明，更加沒有中間派的位置。然而，香港還是有很多評論員，即使在百年格局變化已經擺在眼前的時候，也會因為「條氣唔順」，而選擇逆流，或者選擇做中間派，兩邊各大五十大板。這種角色，我一向以來不做，恐怕在有生之年也不會。因為在未來很長一段時間，香港的政局還會成為中美鬥爭的風眼，從政的人沒有中間派的位置，評論員也沒有。

來生是否還寫評論不知道，但引領我走上寫評論這條道的人，必須逐一感謝一番。《文匯報》是我工作的第一份報紙，當時的老總張雲楓對我栽培有加，記得我寫的第一篇社論是關於催促港府盡快批准華潤建油庫的申請。當時的採訪主任陳南，也曾推薦我出席香港電台電視部一個「報人論香港」的節目。《香港商報》老總馬力的評論文章，一時間膾炙人口，也給我榜樣，而他的執著亦讓我難忘。記得他的一篇社評題目為「慶父不死 魯難未已」，我問能不能改，因為很少讀者能看得懂，他說只能這樣，堅持不改。《明報》老總張健波的器重，我也十分感激，「戴鬚子」的專欄，令我在《明報》讀者心目中小有名氣，及後還讓我轉職當副主筆，給我專門寫社評的機會。及後《明報》兩任老總梁享南和陳錦強，他們對我都是寬宏大量的。

這本書的出版，離不開《亞洲週刊》江迅兄的鼓勵，以及《零傳媒》編輯邢舟的催促，他們對於我延遲交稿的寬容，無以復加。本書的文章，大部分是在《明報》刊登過，《明報》論壇版編輯孫志超，對於稿件內容事實的把關，嚴謹認真，令我這個過氣編輯

汗顏。另，本書圖片由《明報》借用，感謝慷慨。最後要感謝家人的支持，相信很多評論員都有愛批評的職業病，往往會先批評家人作為練習，而且在稿債累累的壓力之下，家人往往又成為我的出氣筒，在此一併感謝。

本書絕大部分文章是最近幾年散見於《明報》、《亞洲週刊》以及《信報》，也有是專門為《零傳媒》獨家公眾號寫的，將這些已經領過稿費的文章再刊登一次，實有欺騙讀者的愧疚，所以專門為此書寫了四篇後續，也是對評論文章刊登後的發展情況有所交代。

《來生再寫中間派評論》雖然不確定是否有來生，但希望香港有朝一日，社會不再撕裂，黃藍共處一地共築民族夢，讓評論員無需為選邊評論而煩惱，一個容得下中間派評論員的社會，才是健康的社會。可惜被勾結外國勢力的黑暴破壞，這個社會連中間派也容不下。特以此為序。

阮紀宏 2021 年 6 月於中山

目　錄

第三章　粵港澳大灣區

第一章

一國兩制新時代

雙管齊下開創一國兩制新時代

「中國共產黨與『一國兩制』主題論壇」召開，由於這是首次以共產黨之名在香港公開高調主辦的活動，坊間十分關注究竟中共與香港這個主題將如何演繹。從中聯辦主任駱惠寧的講話看，中共建黨百周年放到香港還是一國兩制，着墨於一國兩制的未來新時代，中共當初能開創和發展一國兩制事業，今後也會堅守一國兩制的初衷。他的語氣鏗鏘有力，但語調還是苦口婆心，就好像一個老人家對年輕人說，你信我啦，真的是這樣的，將來也會是這樣的。

「真正大敵」說給誰聽？

中共建黨 100 年來，在香港當然不止於一國兩制，在解放前，中共南方局的機關，在香港設置的時間比在內地一些地方還要長，即使在回歸前，中共在香港對各種社會運動的影響也是值得大書特書的。但以當前的形勢來說，一國兩制是能夠承接過去和未來的唯一主題，官方要闡釋立場，這個主題應是首選。媒體報道這個論壇的消息，大多只着眼於「那些叫囂『結束一黨專政』的人，是香港繁榮穩定的真正大敵」。媒體要吸引眼球，當然要抓住權威人士對矛盾癥結點的最新說法，問題是「真正大敵」究竟是說給誰聽的？

支聯會的宗旨，是要推翻中共在全國的執政權，沒有了中共

在全國執政，就不可能有一國兩制，從這個意義上說，支聯會肯定是真正的大敵。支聯會能不能繼續搞六四集會，成為社會高度關注的議題，但誠如駱惠寧主任說，推進一國兩制走向未來，過去「有效的要堅持，缺失的要修補，跑偏的要糾正，過時的要更新」，支聯會能否以合法身分繼續在香港存在以及搞活動，這不是明擺着的嗎？

要修補糾正更新的事很多

問題是：從法例的規定，到執法的責任，究竟哪些是有效？哪些是缺失、跑偏和過時？看看反修例事件已經兩年，至今年4月底，警方拘捕了 10,260 人，檢控的只有 2,608 人，這樣的進度究竟反映出甚麼問題？反觀美國，今年 1 月 6 日國會山莊事件，5 個月以來，至日前為止已經檢控 521 人，新近拘捕的其中一人是教師，他「只是」因為搶警棍就被捕了，警方發現他當時戴了「面罩」，但警察從他之前之後的活動軌跡圖像可以確認這是同一個人而作為起訴證據。控方在檢控其他人時，還提交了電話通訊紀錄、社交媒體聊天紀錄等作為起訴證據。而香港警方在調查和提出起訴時，都有這些調查權和得到相關機構的配合嗎？美國有些團體利用社交媒體，不斷蒐集暴徒參與衝擊國會山莊的證據，並向警方舉報而成功檢控，香港有這樣的民間配合嗎？

香港多少年來的矛盾癥結都在土地和房屋問題上，特區政府終於「打鑼」找地，卻將可用土地閒置 20 多年，這些機制上的問題，是需要修補和糾正的。

推進一國兩制新時代，需要修補、糾正和更新的事務很多，

而且是涉及方方面面的，這些工作，共產黨不可以替特區政府完成。真正要問的是，未來的特區政府，包括特首和整個公務員架構，對於開創一國兩制新時代，已經做好準備沒有？面對「在香港是否可以繼續叫喊『結束一黨專政』口號」的提問時，是否還會支吾其詞？

港人何時能理解中共當之無愧的地位？

駱惠寧主任〈百年偉業的「香江篇章」〉講話，對於香港的要求是寬鬆的，只是希望港人承認中國共產黨的領導地位，是符合憲法和當之無愧的。香港人對遵守法律的精神還是可以的，既然是全國性法律，香港作為中國的一部分，守法是理所當然的。至於港人何時能夠理解中共當之無愧的地位，恐怕是一條漫長之路。

港人對中共的印象，不是空白就是扭曲的，過去相當一部分的人口比例，是由於逃避中共執政避居香港的，這部分人的後代的政治態度如何受到影響，還沒有看到過任何研究。而現代的青壯年以及很大一部分年輕人，對中共的印象，還定格於電視畫面中某年某月某日在某個廣場的情景，而且還執着地拒絕理解之前之後中共在全國所做的事情和帶領中國人所取得的成就。

政務司長張建宗在網誌上說，「中國共產黨為十四億人民帶來安全感、獲得感及幸福感，洗雪了百年前中國民不聊生，長期積弱及被西方列強侵略的頹風及屈辱」。不知道有多大成分是敷衍的表態口號，有多少是真心話。但無論如何，中國人百年來受到過的屈辱，香港人有多少理解？中共取得人民的信任，經歷過

多少苦難，做出過多大的犧牲，香港人完全不懂。這樣的話，他們又如何能夠理解中共的領導地位是當之無愧的呢？

需中共帶領全國發展　也需港府民間積極配合

開創香港一國兩制新時代，需要中共帶領全國發展快馬加鞭，同時需要特區政府與民間的積極配合，雙管齊下才能相得益彰。駱惠寧主任的講話，語調還是語重心長，只是表達出對香港耐心勸導的善意，特區政府不能以此作為慢慢而且溫和行動，甚至不行動的藉口。這樣下去，香港一國兩制新時代的來臨，不止是更加漫長，而且還會貽誤融入國家發展大局的時機；香港人作為中華民族一分子，跟全體人民一起共築和享受民族復興夢的日子，也會被耽誤。

（原刊於 2021 年 6 月 15 日《明報》）

中共建黨百周年倒計時
催迫「處理時限」

　　網上經常有某個日子的倒計時提醒，比如內地近日流傳「今天距離高考還有 100 天」，說明全社會對於這個日子的重視程度。從香港在過去短短一星期所發生的事情，令人想起一個倒計時，就是 7 月 1 日中共建黨百周年紀念日。內地將會大規模舉行各種慶祝活動是可以預期的，但在慶祝宣言中，將會如何提到香港呢？

　　中央政府處理香港問題，從 1997 年以後看，對於發生重大事件，無論是突發的，還是漸進式的變化，都是被動而且緩慢的，即使有大動作也是留有餘地的。如果說 2003 年《基本法》23 條立法失敗並引起 50 萬人上街，有人要為此問責，特首董建華是在 2005 年才辭職，中聯辦主任高祀仁留任到 2009 年才正常退休。然而，看看這次反修例風波所引起中央的一系列應對方法，可以說是截然不同。

　　在反修例風波還沒有完全平息之際，中聯辦和國務院港澳辦的主要領導換馬，然後再看，從《港區國安法》通過，成立國安公署，到香港抓捕違法分子之間的時間間隔。中央對香港的整個處事手法，已經發生迥然相異的變化。當然，判斷這種變化的成因，可以追溯到最高領導人及其處事風格的變化，這是一種合理解釋，但還有一個不容忽視的因素，就是中共建黨百周年紀念日

的臨近。

　　中共從建黨到取得政權，經歷過腥風血雨的鬥爭，仁人志士壯烈犧牲的不計其數，黨內路線鬥爭與反覆，也是很多其他政黨所沒有經歷過的，而以一黨之尊管治新中國 70 多年，所取得的輝煌成就，亦是很多其他政黨所不能比擬的。更加重要的是，蘇共管治蘇俄、蘇聯 74 年而黨國俱亡，中共有望成為執政最長的政黨而締造歷史。凡此種種，中共建黨百周年紀念，對於中共和中國來說，都是頭等大事。

　　早在 1997 年中共舉行十五大時，江澤民已經提出建黨百周年要達成的某些目標；胡錦濤主政 10 年，對建黨百年目標更加具體化；習近平上台，隨着這個日子臨近，順理成章將如何慶祝這個紀念日擺上議事日程，而且對完成某些目標，更是不容有失的落力推行。最近的例子就是全面脫貧，在短時間內使七億人擺脫貧困，是人類歷史上從未有過的成績。中共有各種理由大張旗鼓慶祝建黨百周年紀念日。

慶祝講話要寫好「香港這一筆」　問題要及早解決

　　慶祝必有講話，相信這個講話稿已經在反覆推敲中，講話稿有關內地的事情不在這裏討論。這份載入史冊的文件當中，必然會有香港這一筆。如果要用兩句話將這一筆帶過，第一句應該是，成功在香港恢復行使主權，洗刷了民族百年恥辱，那麼，第二句該怎麼說呢？香港回到祖國懷抱後有年輕人變成黑暴？香港社會大致穩定但有人勾結外國勢力反對中央管治？中央在香港實施全面管治權但遇到阻力？香港經濟繁榮得以發展但政治穩定受

到外來干擾？

總而言之，這道兩句話的填充題，放到任何一個寫手面前，都是燙手山芋，要將第二句話寫好的前提，就是將可能受到詬病的問題及早解決。按照中共的處事風格，只要將一個問題擺在優先處理序列，發出指示的必然會說一句：不惜一切代價處理好；接受這項工作的官員也必然會回話：保證完成任務。如果要在時間緊迫的情況下不惜一切完成任務，處理的手法就一定是壯士斷腕、斬釘截鐵、不容有失。

從港澳辦主任夏寶龍提出愛國者治港和完善香港選舉制度六天後，雷厲風行到深圳聽取各界意見，相信很快便會形成法律文件，並在 9 月立法會選舉應有程序的時間表上做到「及時充分」。這種做法，跟《港區國安法》立法和實施的做法如出一轍，毋須假手特區政府。因為中央很清楚，特區政府官員無法理解建黨百周年紀念日的重要性，也無法跟上北京官員的處事步伐，只要特區官員積極配合足矣。當然這一點也未必做得好，單從林鄭月娥在記者會上回答英文問題時，稱呼夏寶龍為 Director Long ，可見一斑。

不能忽略「外國介入」因素

若然要論述北京處理香港問題採取煥然一新的手法，跟領導人的更迭有關，跟建黨百周年紀念日臨近關係更大，可能都是假設性的論據，但這兩個因素都不可能被忽略，而更加不能被忽略的另外一個因素是外國的介入。佔中和反修例風波之所以愈演愈烈，當中有多少外國因素在幕後策動，或許有人認為缺乏證據，

而香港反對派到歐美煽動外國政府制裁中國和香港特區，則是彰彰明甚，無可辯駁。中央要一攬子應對外國的攻擊，香港只是這一攬子裏頭主動或被動地納入的其中一員；其他問題都處理了，不可能落下香港不處理。

香港自回歸以來的種種問題，有些是被故意掃到地氈底下掩耳盜鈴，有些是因為領導層沒有足夠重視而不及時處理，惡果呈現後必然要處理。中共建黨百周年只是一個契機，或者說不能再拖延處理的理由。為解決定下時間表，可能會帶來一些疾風暴雨式的變化，但暴風雨後見彩虹，早來不是更好嗎？

（原刊於 2021 年 3 月 2 日《明報》）

西方不接受香港特色
北京不顧忌西方反應

全國人大決議，為香港制定「有香港特色的選舉制度」，西方國家羣起而攻之。北京對西方的譴責與威脅，淡然處之，只針對港人做解釋。這種做法傳遞一個信息：香港的死硬分子不要再以為依靠西方支持便可以在香港死撐下去，而香港的中間派和愛國人士，則可以吃定心丸：西方國家可以設定冷戰議題，但鬥爭的步伐，仍然掌握在北京手中。

人大副委員長王晨在全國人大會議上介紹完善香港選舉制度決定草案時說，「形成一套符合香港實際情況、有香港特色的新的民主選舉制度」。馬上令人想起另一個說法：有中國特色社會主義。有人以訕笑來看待這個類比，但嚴肅地看，還真是這麼回事。鄧小平在 1982 年提出中國特色社會主義的時候，大概有三個含義：一是不會放棄社會主義這個性質和目標；二是不能用教條的馬列主義和蘇聯模式來搞社會主義；三是中國特色就是一種特例，無法用其他表述替代。

香港幾乎是不設防城市

那麼，香港特色的選舉制度，跟中國特色社會主義，是一回事嗎？誰來決定特色的內涵？無論誰來決定特色，有一點不能否定的是，香港幾乎是一個不設防城市，貨物和資金流動不用說，

人員流動遷徙也自由。政治方面的特色起碼有三：

第一，擁有外國國籍的居民也有投票權，也可以出任政府高官和立法機關議員，這方面不同國家有不同程度的限制，不一而足，但整體來說，香港肯定是限制最少的地方。澳洲近年禁止國會議員擁有雙重國籍；加拿大雖然沒有雙重國籍的限制，但議員參選資格是必須擁有加拿大國籍；而在香港，立法會議員擁有外國國籍有比例限制，問題是有些人可以只有香港永久居留權，而沒有中國國籍。

第二，在《國安法》實施之前，香港的政治組織以及從政者，跟外國政府、政治組織聯繫的限制，也是全球最少的。反對派出訪外國，跟政府官員或者政界人士接觸，是屬於交流性質，但公然表示希望外國政府制裁香港官員、抵制香港貿易等等，都不能算違法。而在香港境內，跟外國領事館人員，或者來訪的外國政治組織人員交往，也可以是正常的交流，但香港沒有反間諜機構去調查這些交往是否會越界變成叛國行為，過去看到美國領事與黃之鋒之流會晤的消息，都是新聞機構的爆料，還不屬於調查的性質。

要承認選舉制度的香港特色

第三，香港的選舉制度是全世界最複雜的。間接選舉產生特首，部分選舉委員則是直接選舉產生的，團體代表卻是個人投票產生的，而且「龍蛇混雜」，從全國人大代表到區議員，也就是說選舉委員會成員既有處理全國立法事宜的，也有處理牛頭角行人天橋應該距離紅綠燈 55 米還是 73 米的。

這些制度的元素，先不說好不好，而是要承認這是香港特色。這個特色有歷史原因，也有現實情況需要考慮。北京承認這些特色，是因為不放棄一國兩制。西方國家的譴責聲明，只說新的做法違反了他們認為的民主制度標準，而不承認香港的特色，是沒道理的。

西方政客與香港反對派的雙重標準

香港反對派以西方國家為圭臬，所謂的回應也只能是拾人牙慧的民主倒退。西方政客與香港反對派，用的都是雙重標準。117 個區議員擔任選舉委員會成員的席位，按照特區官員經常掛在咀邊的一句話，這是「不理想」，所以中央官員建議要「完善」它，被「完善」的區議員當然不滿意，爭相批評小圈子選舉。不要忘記，這個香港特色，是當年中央政府批准實施的，增加至117 個席位給全體區議員的時候，沒有人拒絕擔任選委會成員，說要取消的時候就批評中央；得到席位的時候用手上選舉特首的一票做 "King Maker"，失去席位的時候則說小圈子選舉。在雙標問題上，西方政客與香港反對派「一樣黑」。

同理，允許香港立法會議員有一定的比例可以擁有外國國籍，這也是中央批准的，現在要成立候選人資格審查委員會，看看參選人聲明效忠時是否真誠。反對派當然認為無論門檻增加一小項，都是「人類文明倒退的一大步」，可是，為甚麼不乾脆全面限制擁有外國國籍居民的選舉權和被選舉權呢？要是讓我來當這個審查委員，對於擁有外國國籍的參選人，只問一個問題：您加入美國國籍宣誓效忠《美國憲法》，現在您說要效忠《基本法》，

究竟哪個才是真誠？就這麼簡單的事情，中央還是讓香港人來審查半天，這才是真正的香港特色。

鄧小平強調中國特色　至今仍有現實意義

當年鄧小平強調中國特色，至今還是有現實意義的。當年中央對香港無限寬容，而今要強調香港特色，是因為當年西方國家還沒有發動新冷戰，還承認中國特色社會主義即使是社會主義，還是可以合作的。而今卻顛三倒四，將中國統統變成中共；提起中共，例牌有新疆和香港，而香港只能有兩制，不能有一國。這個時候還不完善香港的選舉制度？西方國家與香港反對派對於「將不設防的香港加條門簾」也說不可以，但對於希望穩定繁榮的香港人來說，香港不設防，惟有淚千行。

（原刊於 2021 年 3 月 16 日《明報》）

中央應立即啟動換特首機制

　　香港的局勢在區議會選舉過後，漸趨平靜，雖然上周末還有堵路及示威活動，但人數大減，成不了氣候。止暴制亂雖然並非特區政府的成就，但這一頁如果翻過去了，就應該雷厲風行開啟香港新篇章，問題是由誰來做更有機會成功，以及由誰來做對香港的長遠發展會更好。由林鄭月娥來做肯定不好，相信很多市民都會贊成。所以，中央應該立即啟動更換特首的機制。

　　經過近六個月的暴力衝突，一夜之間突然平靜得令人匪夷所思，如果說沒有大台，難道是天公作美？如果把成績完全歸功於大台，也有點減自己的威風；新任警務處長鄧炳強解決理工大學一役，也應記一功。他將過去驅散放走暴徒的做法，改為圍堵逐個就擒，讓暴徒徹底丟掉走得快可以下次再來的僥倖心理，特別是不諳現實的年輕人，徹底認識不可能永遠戴着黑面罩，就可以繼續活在虛擬世界中。

　　結束暴力破壞，市民可以正常生活。社會秩序回復正常，香港就要在各個方面開啟新的一頁，只有推出振奮人心的大計劃，才可以讓市民盡快走出陰霾，對未來抱有一絲新的希望。不知道特區政府是否已經早就草擬好大計劃，待正式宣佈止暴制亂成功就同時推出，但相信特首辦的抽屜有這樣催人鼓舞計劃的可能性不大。即使有，特區政府的官員執行力的往績，也叫人對成功機率審慎樂觀。

　　特首林鄭月娥的功績，不同政治主張的市民都有公論，誰也

不能為民做主，這些都不去討論。值得討論的是，怎麼才是對香港未來發展最有利的做法？香港經過重創，亟待一個強而有力的政府，才能令整個社會重拾信心，但香港不能再等三年，去選一個新的特首。況且，以目前的政治形勢發展下去，三年後是否能夠順利產生一個讓中央放心、市民信任的特首，也成疑問。

區議會選舉的結果，令行政長官選舉委員會的 117 席選委，送到反對派手中，加上在三年前按照當時的政治形勢選出的 325 名泛民選委，合共 440 多席，已經可以左右大局，難保新的一個選舉委員會，泛民或者反對派會奪取更多的議席，也是有可能的。泛民和反對派如果得到 500 席，雖然不能推出一個他們的特首人選，但直接的後果是工商界的選委，成為造王者的關鍵少數。現在香港要跟長期壟斷土地資源的大地產商算帳，這種情況下，會給誰增加籌碼？

明眼人都會算選舉機制這筆帳，而且香港各方勢力早就在算這筆帳，北京的高人難道不懂嗎？所以，在香港暴力衝突最激烈的時候，中共的四中全會已經有所部署，全國人大常委會法工委主任沈春耀在解讀四中全會決議有關香港問題時說，要完善中央對特別行政區行政長官和主要官員的任免制度和機制。

改善特首任免制度　時不我待

究竟北京準備如何完善特首與主要官員的任免制度和機制，外界不得而知，修改機制可以用行政手段馬上執行，但完善制度需要通過修訂法律，則不是三天兩頭的事情。時不我待，在形勢緊急的情況下，為今之計，只有盡快替換特首一招較為可行實際。

下一屆特首如何選，有誰參選，這是起碼兩年多以後的事情，目下急需一個以新面貌有執行力的政府班子。另一方面，盡快上任的新特首及其班子，可以在未來兩年多建功立業，取得市民的信心和信任，為下屆特首選舉奠定一個良好的基礎。

香港深層次矛盾是甚麼？最令年輕人不滿的事情是甚麼？甚麼樣的計劃能夠在短期內解決甚麼矛盾，止一時之咳然後制定更龐大的通盤計劃去解決深層次矛盾？香港的高人很多，都有洞見，至於是否能夠籌措出一個同心同德的團隊去執行，則要看具體人選，這些都是能夠解決的問題。如果燦爛明天前的一縷曙光不能出現，情況就還會停留在各說各話，各有各的主張，香港則永遠在一盤散沙中繼續無休止爭拗。更糟糕的是市民的悲觀情緒滋生蔓延，直到人才與資本都走了，香港便會陷於沉淪。

香港的反對派，對任何人做特首都會反對，至於為甚麼他們在 6、7 月時原來的訴求當中有一條是要林鄭下台，後來又主動放棄，現在可能還恨不得林鄭月娥可以連任下屆特首，這要問他們。但現在更換一個特首，讓他／她實習兩年參選也好，給香港帶來新的希望，為下屆特首選舉營造一個良好的氣氛，把建制派的票「箍住」，爭取中間派的票不至於流失那麼多，已經是功德無量。

香港面對的內部問題已經夠繁雜，現在還加添一條美國在制度上的粗暴干涉，以及在行動上的插手，形勢就更加複雜了。更換特首並非唯一的辦法，卻是一個可行的辦法，而且有過先例；如何做最好，高人自有妙計，港人當靜候佳音。

（原刊於 2019 年 12 月 3 日《明報》）

此 AO 不同彼 AO
政治家才能選特首

　　林鄭月娥和曾俊華都是從司級官員辭職參選，如果算上葉劉淑儀，三個 AO（政務官）內訌。「內訌」只說是假設政務官是一個團隊實體，實則早已不然。雖然他們都是政務官出身，但經過 20 年的回歸洗禮，三人的取向已經各異其趣；如果他們都成功入閘，在競選過程中將各顯真章。香港的特首，需要由政治家出任。這三名政務官出身的參選人，誰能當選，則要看誰能從政務官蛻變成為符合香港利益的政治家。

三個 AO 比併　履歷各不同

　　雖然同為政務官，也要看政途履歷表。如果要論正統政務官，曾俊華是半途出家，他從小移民美國，在美國接受中學和大學教育，畢業後在美國工作 10 年後才回港出任政務官。葉劉淑儀是半途出家，港大畢業後留學英國，加入政務官在官場打滾 28 年，回歸後成功過渡成為處級、局級官員，因為政治原因下野。只有林鄭月娥是在「道統」一以貫之，港大畢業後馬上加入政務官行列，平步青雲至政務司長，其間經歷主權回歸，歷經三任行政長官。

　　三、四十年前加入政務官，客觀上被認為是，和主觀上自以為是精英。他們在加入政務官時，大學教育還沒有普及，他們能

在高等學府畢業本身就是精英的標誌。不但是大學畢業，而且還是從眾多申請者當中百裏挑一，當年如果沒有絕佳的英語能力和 first class honours 畢業，一般都不敢去考 AO。

能夠脫穎而出被挑選為政務官只是起步，真正能夠扶搖直上的，才是踏上政途。在英治時代，政途階梯經過百多年的琢磨已經十分清晰，只要服從英國人上司的指示，有強大的執行力、團隊精神和表達能力，不難獲得上司青睞。但最重要的是「認命」，清楚知道政務官上升的天花板和玻璃天花板是甚麼，不要挑戰英國人的權威。

在回歸問題浮現以前，政務官只服膺一個最高領導人——港督，而港督是英國利益的代表。牛津大學學者曾銳生在一本專著上說：「政務官整體上可以照顧英國利益而毋須在香港與英國之間選擇效忠對象，因兩者的利益大致相同。」在上世紀 70 年代以前，幾乎沒有發生過英國利益與香港利益相矛盾的地方，即使後來出現貿易配額等矛盾，政務官也能夠巧妙地做到「不順從的服從」。

《中英聯合聲明》1984 年簽署後香港進入過渡期，英國是即將要離開的效忠對象，中國是即將成為新的效忠對象。矛盾本來油然而生，但中英兩國的保證、《基本法》以法律文件方式保障公務員將「既往不咎」，所以才會出現像曾蔭權那樣，即使是居英權（英國發給少數港人英國護照）的執行者，也可以順利過渡到特區政府高官。即使像陳方安生，提出在回歸儀式上既不是中方一邊也不是英方一邊，而是單獨坐在兩個代表團中間位置，中央政府也接受了這樣的人做政務司長。

「豬八戒照鏡子」是「裏外不是人」，而香港政務官在回歸前後能夠做到「裏外都是人」，是需要在回歸前絕對服從英方的指示，這是得到中方默許的，潛台詞是換取他們在回歸後絕對服從中方的指示。但這種情況在回歸後，北京沒有或者不敢認真執行，政務官有意或無意地忘記這個交換條件，他們基本上沒有做到在回歸前後，唯一服膺對象從港督轉變成特首、效忠對象從英國轉變成中國。

例外的例子是，羅范椒芬第一個加入特區政府團隊而被政務官朋輩拋棄、葉劉淑儀 2002 年至 2003 年制訂和推廣《基本法》23 條立法不果而選擇離開。這種政務官出身的特區官員，才是從認知和行動上成功過渡，但她們卻沒有在政途上成功過渡。而在推廣 23 條立法過程中，當時曾俊華、林鄭月娥兩人都沒有為 23 條立法高調保駕護航。

政務官在回歸前只是政策的執行者，即使是高級政務官負責策劃執行政策的細節，也都是在同一個英國人上司的麾下，跟中下級政務官是團隊的一員。回歸以後，在港人治港的方針之下，政務官有機會成為司長，在政務官和整個公務員序列中，有一個清晰的上下級關係。後來司長又成為政治任命，必須完成三項功能：跟特首一起制訂政策、管理和帶領整個特區政府公務員團隊、向立法會以及公眾推銷政策。能夠出色地完成上述任何一條或者兩條，已經是成功過渡的政務官。

葉劉淑儀雖然是政務官出身，但下野後經過直選洗禮，並籌組了政黨，目前為了競選，連在街頭做雞蛋仔的戲分也表現得十分出色，已經從政務官的 DNA 中脫胎換骨；但由於曾經推廣 23

條立法的原罪，被反對派釘死在民主的「恥辱柱」上。曾俊華在回歸後完成政務官功能方面堪稱無懈可擊，但「守財奴」的形象不被接受。林鄭月娥在制訂政策方面，可以做到不偏不倚，也基本上得到公務員團隊的認可。他們都是維護公務員穩定過渡的中流砥柱，這對香港的順利過渡是有功的。

成功過渡 AO　還須展示政治家才能

然而，從回歸前的政務官順利且成功過渡到特區官員，距離當行政長官，還需要跨過一個重大的鴻溝，就是在理解和執行一國兩制的大政方針方面，能夠獲得中央認可，並且能夠帶領公務員團隊認知和執行。甚麼是「全面、準確和堅決執行一國兩制」，這裏不展開論述，但這是從政務官蛻變成政治家的必要條件，是維護國家和香港長治久安的必備條件。葉劉淑儀、曾俊華和林鄭月娥，需要認真考慮並向中央和市民交代；只有這樣，他們才可成為政治家，而非從英治遺留下來即使是成功過渡的政務官。

（原刊於 2017 年 1 月 13 日《明報》）

Plan B 還沒有啟動

　　梁振英棄選連任特首，坊間有些評論認為，中央已經啟動 Plan B，而且指林鄭月娥就是中央 Plan B 的屬意人選。是耶非耶，目前看來成數不高，起碼從林鄭的表態中，連她自己也不這樣認為，但不排除以後會成為真命天子。

選委會選舉才是關鍵

　　要確定中央是否啟動 Plan B，首先要確定梁振英原來就是 Plan A。從蛛絲馬跡看，今年 APEC 峰會上，習近平會見梁振英的時間是 45 分鐘，比往年的不足 30 分鐘明顯長了；要知道在峰會期間，習近平的行程十分緊湊，故意延長會面時間是一個很明顯的訊號。

　　在眾多準備參選的人當中，高調表示將會宣佈競選的只有梁振英一人（兩位姓胡的不算，因為他們拿不到 150 個提名）；葉劉淑儀也是明確要參選的，但她只能說自己沒有收到「紅燈」訊號。其他人都是保留參賽資格。由此觀之，梁振英收到中央祝福的訊號最強烈。

　　人選是所謂 Plan A 或 B 的核心元素，但人選的優先次序表 Priority list 有兩種，一是從一到十排列首選次選；二是一個首選，其他數個是可以接受的人選。按照中共的人事組織做法，是先認定一個人選，然後由組織部派人到人選所屬單位調查，形成推薦意見後，交由上級做決定。香港特首的人選決定機制可能

複雜一些，但應該不是制定一個從一到十的次序表，按次序來決定屬意人選，而是首選不成功，然後從名單中從新甄別另一個首選。既然梁振英是 Plan A，他放棄參選或者被勸退，就會重新認定首選人選，該人選才會成為 Plan B。

目前從時間上以至從程序上來看，Plan B 應該還沒有啟動，因為最大的影響因素是 1 月 11 日舉行的特首選委會委員選舉，結果還沒有出來，怎麼就會決定林鄭月娥就是 Plan B 的首選呢？而且事出突然，重新部署需要一定時間，還有就是從中央「宣佈」屬意人選的時間看，目前也是為時過早。

一般來說，中央屬意人選雖然定出，配合措施也一直在做，但還要等到臨近投票前的最後幾個星期才明確表態，這種做法一是以防不測，即候選人有甚麼「行差踏錯」而自毀前程，又或遭人暗算而提前敗選。二是中央一旦有明示或暗示，是要為背書負責的，不可能隨便把聲譽都押進去。

北京對訂定屬意人選當然會十分謹慎，林鄭月娥也是十分小心，她在宣佈重新考慮參選時表示，「一定會有人說我反口、說我食言，或者說我以前的說法是以退為進」；但她應該知道重作馮婦的典故：晉國有一個獵人叫馮婦，善於和老虎搏鬥。後來洗手不幹了，變成一個有修養的人。有一次，他在野外見許多人追趕一隻老虎，老虎負隅頑抗，沒有人敢碰牠。馮婦挽起袖子，伸出胳膊，參加了打虎的行列，終於制服老虎，大家都紛紛稱讚馮婦。可是有身份、教養的士人都在嗤笑他。

為梁辯護是一種姿態

問題是，林鄭月娥是看見老虎才起「獵心」，還是看到老虎已經退出森林，她才敢扮老虎佔山為王？無論前者還是後者，她在宣佈考慮參選時，充分肯定梁振英的功勞，這或許是政治倫理中的應有禮貌，但她說：「我覺得社會對行政長官作出很多不是太公道的批評，對他不是太公道。」

這樣為梁振英的辯護，就是一種姿態。同時她表示，考慮按着行政長官的施政理念，以及這一屆推出的政策，是否能夠延續，在行之有度中穩中求變。

林鄭月娥不敢把梁振英的施政徹底否定，原因是她要為集體負責制承擔，還是因為她知道中央對梁振英的肯定，所以不會「推倒重來」。而這種立場沒有成為反對派的攻擊對象，是否會在正式宣佈政綱後，反對派的放箭靶心會從葉劉淑儀中轉為林鄭月娥？如果沒有，為甚麼不？這些都需要觀察和靜待時態的進一步發展才能做出判斷，所以刻下說林鄭月娥就是中央的 Plan B，要不就是無知的猜度揣測，要不就是造王者有心為之。

（原刊於 2016 年 12 月 12 日《信報財經新聞》）

翻盤後的選情不改中央的份量

　　梁振英突然宣佈不參加競逐下屆特首，接下來的局面，全部有關人等都要重新部署。但有一點必須肯定的是，無論梁振英真的是由於個人原因棄選，還是中央有新的決定，都不能否定中央在接下來的選情中「左右大局」的能量。反而梁振英的因素清晰了以後，建制派更加沒有理由不接受中央的「打招呼」，中央屬意的人選高票勝出的可能性大大提高。

　　香港對梁振英參選的民意，在媒體中已經有公開的表述，但建制派通過各種渠道向中央的陳情，才是北京考慮的重點。因為建制派的中堅分子過去一直支持中央的決定，中央也依靠他們維持香港的穩定與發展。這些意見當中，有堅決反對梁振英的，有表示不滿的，也有模棱兩可要求中央盡快明確表示屬意人選，基於反對梁振英的理由而另外推選符合不同界別利益和心意的候選人，但統統沒有得到清晰的回應。

　　建制派內部對於反對梁振英參選的意見，中央一時難於處理。因為按照政治倫理，一個特首在任內沒有重大失誤，他要求連任是合理的，要阻止他參選實在沒有有力的依據，但也不敢在過早的時候高調支持梁振英而開罪相當成數的建制派。無論現在是中央主動要求梁振英棄選，還是順水推舟尊重梁振英個人提出的決定深感惋惜，接下來的選委會選情，以及特首選情，建制派反對梁振英的意見，既然已經得到他們希望的結果，中央就毋須為是否讓梁振英出選而做出解釋；餘下的事情，就是各特首參選

人根據自己的長處向北京爭取支持，然後等待花落誰家的結果。

梁棄選不意味建制派可有三人出選

　　值得注意的另一點是，梁振英棄選，並不表示建制派可以有三名候選人進行君子之爭，因為剔除梁振英的因素，只是排除了他得不到 150 個提名，以及到選舉的時候低票落選或者低票勝出的可能，甚至流選的局面。如果三名建制派同台演出，票源分薄後還是會出現其中一人低票當選的可能，而且反對派手中關鍵的 300 票，成為「造王者」的籌碼就會提高。上述任何一種情況，都會使香港今後更難管治，都是中央無法接受的。如果這個因素不變，中央要繼續勸退參選人，否則「真命天子」仍然無法高票當選。

　　中央應該已經勸退了某些公開表示過有意參選的人，而且也沒有給過任何人肯定的「祝福」，因為在某種程度是為了反對梁振英當選的曾鈺成沒有參選的理由，或者需要提出新的理由。而葉劉淑儀在前兩天接受記者「盤問」時，停了兩秒才回答，她沒有得到肯定的「紅燈」。

　　直到昨天突如其來的宣佈前一刻，大家都認為是要等到明天選委會選舉有了結果以後才會有來自北京的消息。這個一拖再拖的表態，是基於「西環」對選情沒有把握，即使選舉有了結果，建制派選委表面上會聽從「打招呼」，但在暗票中究竟能夠落實多少，「西環」還是沒有十足的把握。現在梁振英棄選，選委會選舉將趨於「正常」，選舉結果將會排除那些對「打招呼」陽奉陰違的選委。這樣，中央對於選情，就會有更高程度的估計。

梁棄選令選委會選舉趨正常

梁振英不參選，並不意味着參選人可以挾民意要求中央順從。中央對於特首的甄別標準，是從全國的大局出發，即要考慮中美關係等國際局勢、全國經濟轉型中香港的作用、香港穩定對全國特別是各種獨立勢力的影響、香港實踐一國兩制的表現對台灣的影響等等。反對派不能因此而開慶功宴，曾俊華未必可以少了一個勁敵而期待其他競爭對手會被中央忽視。至於「反港獨」是否作為首要的要求，還要看候選人的綜合施政的總體能力，並不能以一個要求代替其他所有的要求。

在目前的情況下，猜測各個已經表態會參加角逐的參選人勝算，還為時尚早，因為各參選人的各種條件沒有因為梁振英的棄選而有所改變；特別是他們在北京心目中的地位，等他們正式提出參選政綱——修改了沒有梁振英因素後的政綱——如何符合北京和香港的支持度，才能有所分析。反而，在這種情況之下，過去由於種種原因對是否參選舉棋不定的人，這個時候將會重新部署，成為選舉的「黑馬」，也是不無可能。一直流傳的「黑馬」當中，不乏有符合北京和香港建制派支持的人選，現在就是等待他們下決心的時候。

舉棋不定「黑馬」人選或將出現

梁振英棄選，對他個人來說是放棄了多年部署，但因此而排除了未能通過參選門檻或者低票落敗而令中央尷尬，對於北京來說，某種程度是有功的。從港澳辦的聲明，對於梁振英的充分肯定，就可以預計梁振英在來屆政協中的位置。該聲明說：「中央

政府對他的工作一直給予充分肯定和高度評價。希望他做好餘下
任期內的工作，今後在香港和國家發展中繼續發揮作用。」按照
這個評價，梁振英榮升政協副主席是比較肯定的事。至於有一種
說法是梁振英接替董建華的位置，那倒未必，因為董建華還在發
揮餘熱。香港有兩名政協副主席，更加體現中央對香港的關懷和
特事特辦的原則。

（原刊於 2016 年 12 月 10 日《明報》）

闖紅燈是想執死雞還是攪局？

久聞樓梯響的曾俊華終於表明心跡，將會宣佈參選特首選舉，令一些人感到意外，因為他的訪京之行收到的訊息應該是明確的，難道他以為這次選舉還會可以執死雞？執意闖紅燈的可能不止他一人，但誰能笑到最後目前還不好說。

比梁振英短五分鐘

北京給曾俊華亮紅燈雖然只是坊間傳聞，但還是有跡可尋的，港澳辦主任王光亞禮數周周地出門迎接是一方面，但報道中強調接見時間是 40 分鐘，為甚麼是 40 分鐘呢？因為習近平在 APEC 會議期間見梁振英的時間是 45 分鐘；還有，「深港通」正式開通的消息是趁他不在香港時候宣佈的，是故意不給他領功。在這種種明示暗示之後，曾俊華仍然要闖紅燈，便充分說明他是不聽北京打招呼的。

反觀曾鈺成，開宗明義說明他是遵守交通規則的，開車不會闖紅燈；他只堅持一直以來的立場，如果出現沒有真正競爭的選舉情況下他才會出手。但他在姿態上保留參賽資格，表示對目前的形勢靜觀求變，是求變而不是隔岸觀火的靜觀其變。

葉劉淑儀在上屆選舉中已經蠢蠢欲動，但經過北京使者勸退後，聽從打招呼而放棄參選，結果是讓梁振英當選了，當然心有不甘，這次看來是鐵定不管紅燈黃燈都要闖一闖。

同樣心有不甘的是林鄭月娥，她上周在一個論壇上講香港

的新願景時表示，她對新加坡近年超越香港不甘心，但看來她不甘心的應該是別有所指。她還提出警告，「當然我明白近年社會出現了一些情況，令大家很擔心、很關心，甚至有些時候是很痛心，難保有一些人會灰心……」訊息十分清楚，她還很關心，不會灰心。

梁振英不存在闖紅燈的問題，因為按照政治倫理，北京沒有理由阻止他競選連任。至於周融率領「幫港出聲」跟人大委員長張德江會面兩個小時後傳遞下任特首的任務是要反港獨，而目前採取真正行動的只有梁振英一人，顯得梁振英的行情看漲。但這個訊息也有另外一種理解，誰擔任特首都會反港獨，梁振英的手法未必是最佳方案。

習核心下沒有另一個核心

出現有人要闖紅燈的背後有兩種解釋：

一、香港特首選舉歷史上，確曾出現真正的競選，第一屆選舉時就有四名真正的候選人競爭，而且投票還要進入第二輪才選出董建華；至於上屆選舉，中央開頭屬意唐英年，後來才改變意向支持梁振英，梁振英參選時雖然不是闖紅燈，但壓根兒就沒想過會意外當選。那麼，這屆很多有意參選的人，心存執死雞的心態，也是無可厚非。

二、有人認為中央對香港有幾條線，不同線路的機構會推出自己的候選人競爭，這種想法近來更加甚囂塵上，原因是坊間又再流傳中央還有派系鬥爭。

不過，他們都忽略了一點，自從上月舉行的中共十八大六中

全會之後，言必呼習近平為習核心，中國只有一個核心，對香港問題上，也只有一個核心，不可能出現不同路線的機構能夠在香港問題上說三道四。

選舉永遠沒有絕對，民意機構的調查也不可信，既然甚麼可能都會發生，參選者抱着執死雞的心態參選也就無可非議了。但還有一條必須認清的是，這次是中華人民共和國香港特別行政區行政長官的選舉，當選人是要在今後五年服從中央的大局安排，在北京的領導下在香港執政，如果沒有中央的祝福，日後如何理解中央的意圖？北京的各個機構如何跟香港合作？這是必須考慮的問題。

在選舉問題上，目前確實出現中央「意向不明」，在這種情況下仍然抱着執死雞的心態是情有可原的，但到了中央態度清晰之後，仍然執迷不悟的，就會可能被認為是攪局了。

（原刊於 2016 年 12 月 5 日《信報財經新聞》）

暫時不動香港，暫到何時？

香港《基本法》寫明一國兩制五十年不變，但「暫時維持現狀」是有條件的，就是不能威脅全國利益。

1月8日是中國前總理周恩來逝世40週年的日子，他對香港的政治前途舉足輕重，連鄧小平提倡的「一國兩制」，也是毛澤東和周恩來制定對香港「長期打算，充分利用」的延伸。

1949年解放軍以迅雷不及掩耳之勢南下，壓境深圳時，中央必須作出是否順勢收回香港的決定。當時毛澤東制止解放軍操過深圳河，以至後來軍演也不在深圳進行以免影響香港民心，當然有他的大戰略眼光，但曾經來過香港、也曾在法國四年、熟悉資本主義社會的周恩來獻計，也是功不可沒。

周恩來演繹中共最高層的決定，對香港實行「長期打算，充分利用」，並且表現出他嫻熟的統戰手段，見之於1957年在上海對工商界的座談會上，他說：「現在我國社會主義革命已經基本上勝利了，要進行社會主義建設，香港可作為我們同國外進行經濟聯繫的基地，可以通過它吸收外資，爭取外匯。我們要打開局面，就得對香港的民族資產階級講清政策，使人家有利可圖。」

另一次是周在北京會見香港大學教授訪京團時說：「我們不能把香港看成內地。對香港的政策同對內地是不一樣的，如果照抄，結果一定搞不好。香港要完全按資本主義制度辦事，才能存在和發展，這對我們是有利的。」

充分利用香港對國家發展可能起到的作用，是有歷史因素

的。當時中國受到美國政治封鎖，貿易禁運，後來跟蘇聯也鬧翻，是被動的變相閉關鎖國，香港對於國家的資金、貿易和資訊往來，都是獨一無二的視窗。周恩來還說過，香港就是一個氣象台、交際處，意思就是通過香港能夠觀測到國際形勢變化，特別是美國對中國的圖謀；所謂交際處，就是通過外交官與特務雲集的香港，能夠跟全世界的各種勢力打交道，觀測國際的風雲變幻。

但「暫時維持現狀」是有條件的，1966年中國協助北越在越南跟美國酣戰，港英政府允許美國戰艦停靠香港，中國外交部提出抗議，「英國對香港的管理不應給予中國帶來任何難堪或不便」。若威脅到全國利益，維持現狀的條件可能就會消失。即使港英政府換成特區政府，這個不能給國家添亂的角色還是繼續的。

回歸以來，香港在很多方面仍然起到被「充分利用」的作用，但佔中一役成為威脅國家安全的因素。軍事科學院的羅援少將去年在一次內部講話中說：「美英幕後支持的香港『佔中』行動就給我們敲響了警鐘。」這說明香港已給國家帶來難堪。至於是否改變「長期打算」的政策，還看可被充分利用的因素究竟還有多少？

過去受到國際禁運，中國內地產品出口都要通過香港。但香港曾經作為全球吞吐量第一大港的位置早已被深圳、上海超過。隨着國家全面開放，接受外國投資，近年還實行走出去，香港作為中轉的作用已經消失；目前唯一剩下的功能是金融中心地位。人民幣已經實際上成為國際流通貨幣，香港曾是人民幣境外結算交投最大的中心，隨着歐美國家的結算中心將逐漸攤分份額，畢

竟投資與貿易都不在香港發生，香港的結算功能也會下降，但目前還有不能取代的地位。

1月7日《華爾街日報》報道，即使伊核協議實施後，西方仍然保留一些制裁專案，與伊朗貿易用美元結算還有障礙。這使得中國和國際競爭者比起來有了競爭優勢，因為在美國管轄範圍外唯一大規模的美元結算業務就發生在香港。

最新的統計資料顯示，中國境外直接投資的第一大來源地還是香港。但必須指出，所謂來自香港的投資，目前大部分是包括國企的內資，通過在香港註冊成為港資，反過來到內地投資的「假洋鬼子」。

香港可以被「充分利用」的因素逐一消失之後，但畢竟是中國的一個特別行政區，無論從任何角度都是需要長期打算的，只不過語境和含義都不一樣了。最近中央對香港定位的表述就是總理李克強在全國人大會議上所說：香港要繼續發揮在國家改革開放和現代化建設中的特殊作用。

特殊作用是甚麼？特殊就是不按常理考慮。各級領導人在不同場合都有過類似的表述，說香港過去在改革開放中做出過貢獻。從這個角度說，就是全國應該有道義上的責任回報香港。至於如何特殊，就是沒有既定方針政策的靈活處理。靈活處理就要看客觀環境的變化，包括領導人對香港的主觀看法，以及香港政治、經濟與社會的實際變化。兩者應該是一個統一的因果關係，那就是說如果香港的變化跟國家發展步伐與方向一致，給香港的回報就增加。即使有某些地方失衡，諸如經濟稍差，可以用靈活的政策補足，但若是政治變化巨大，可能給國家帶來負面影響，

就不會得到回報。

在討論香港回歸時，鄧小平已經做出指示，繼續暫時不動香港，並以《基本法》將不動的方式方法以及年期，以法律形式固定下來。但相對來說還是暫時，50 年不變雖然只過了 18 年多，但明年開始，買賣房子要做 30 年銀行按揭的話，2047 年這個因素就無可避免地提上議事日程了。

毛澤東、周恩來時期的「長期打算，充分利用」是在被動中爭取主動的做法，鄧小平提出的「一國兩制」是在無奈中積極應對的做法，但暫時不動總會結束，大家都盼望着看到不動之後是如何的動，如何向好的方向動。

（原刊於 2016 年 1 月 24 日《亞洲週刊》）

西藏叛亂後解放農奴
香港黑暴後完善選舉

　　3 月 28 日是西藏解放農奴紀念日，過去着重紀念西藏自治區政府成立周年，或者是兩個紀念日一併提，近年開始單獨對解放農奴紀念日較為高調，中央有甚麼考慮不得而知，但從香港的角度看，這個改變是有很大啟示的。解放軍 1950 年進藏，1951 年中央與西藏地方噶廈政府簽訂協議，西藏現行政治制度不變，即使西藏農奴提出要求，也不進行改革，直到 1959 年達賴喇嘛叛變，解放農奴隨即大規模展開。用這段歷史解釋目前在香港進行中的完善選舉制度，可能有一定的參考價值。

「西藏十七條」條款　可類比香港《基本法》

　　62 年前西藏解放農奴，此前西藏實行政教合一，宗教領袖同時掌管政權，土地由地方政府、貴族和寺廟三分天下。佔人口 90% 的農民沒有人身自由，工作表現不好會遭嚴厲懲罰，甚至是殘酷的身體摧殘，也有出現過成為領主之間的交易品，被稱之為現代社會最後一批奴隸。1951 年中央與西藏代表團簽訂《和平解放西藏辦法的協議》，由於有 17 條條款，後世稱為「西藏十七條」，當中第 4 條是：「對於西藏的現行政治制度，中央不予變更。達賴喇嘛的固有地位及職權，中央亦不予變更。」至於有關改革問題，第 11 條規定：「有關西藏的各項改革事宜，中央不加

強迫。西藏地方政府應自動進行改革,人民提出改革要求時,得採取與西藏領導人員協商的方法解決之。」

　　這些條款跟香港的《基本法》可以類比,其中《基本法》第23條要求香港自行立法一條,也十分相似。至於對西藏現狀不變的承諾,則見之於各種中央回覆西藏工委的文件,比如1956年對西藏改革的指示,中央文件表示,17條協議的規定,不能失信,並且說:「實行民主改革,肯定不會是第一個五年計劃內的事(1953年–1957年),也可能不是第二個五年計劃內的事(1958年–1962年),甚至還可能要推遲到第三個五年計劃期內。應該說這是對西藏上層分子的一種讓步。」可以看出,中央對於西藏的民主改革沒有一個明確時間表,指示內容是根據毛澤東主席的原話,也可以得出一個結論,中央此前沒有為此召開專門會議研究並制定改革路線圖。到了1957年5月,中央在另一個指示的文件中表示:「中央在重新考慮了西藏地區的歷史的和現實的情況以後,決定從今年起至少六年以內,甚至在更長的時間以內,在西藏不進行民主改革。」這個時候,西方已經加劇對西藏採取行動的野心,後來有證據顯示,策動達賴喇嘛叛變,也在這個時候開始了,但10年不改現狀的承諾,仍然執行着,目的也是為了籠絡達賴喇嘛。

　　按照中央的指示,只要達賴喇嘛不主動提出,農奴制及其他政治制度安排,起碼可以拖到1963年。至於後來被形容為「波瀾壯闊」的民主改革,實質上是由於達賴喇嘛發動叛變的結果。1959年3月10日拉薩街頭出現聚集人羣喊「西藏獨立」的口號,其後達賴喇嘛出逃,在美國中央情報局的協助下,經山南逃到印

度。3月20日解放軍出兵鎮壓。3月28日周恩來宣佈解散西藏地方政府，逐步實施民主改革；農奴在集會聲浪中將賣身契投入火堆，自行宣佈獲得解放，並可以參與選舉成為人民代表，到1965年成立西藏自治區政府。

鄧小平曾參與解決西藏問題

順帶一提，人們都懷念提出「一國兩制」構思解決香港前途問題的鄧小平，很多文章也提到，一國兩制實際上是為解決台灣問題而先被提出的。但很少人注意到，鄧小平作為劉鄧大軍的政委，1949年10月向大西南進軍，擔任西南局第一書記，當時西南局是負責領導解放軍進藏的，鄧小平在1952年7月調回北京前，對解決西藏問題的一切文件都有參與其中，和平解放西藏、17條協議以及民主改革，鄧小平都了然於胸；到後來解決香港問題，有多大程度借鏡於西藏，不好推測，但原意是一段時間內不在西藏推行疾風暴雨改革的設想，在香港回歸後20年，則是應驗的。

中央是在達賴喇嘛叛變後，放棄對西藏「再三忍讓」的政策，那麼，中央一改多年不變的做法，對香港出手這個「突變」又如何解釋呢？香港回歸後經《基本法》設計的選舉辦法產生的特首，跟達賴喇嘛沒有可比性，但香港確實出現大規模的人羣高喊和高舉「香港獨立」的口號與標語，很多策動黑暴的組織也被揭發跟外國政治勢力有密切的勾結，此時中央連番用《國安法》和完善選舉制度安排，跟當年在西藏進行的民主改革比較，也就有一定的參考作用了。

回歸後中央對香港甚麼人有顧忌？

留下來值得研究的問題是，當年中央與西藏簽訂十七條之後，萬千藏民不滿仍不能掙脫農奴制的羈絆，西藏工委曾多番上書中央要求加快實施改革，而在香港回歸以後，有沒有香港人向中央表達對高樓價壓垮市民的不滿？香港的主事機構有沒有上書中央要求加快實施改革？當年中央對達賴喇嘛有所顧忌，香港回歸後中央對香港甚麼人有所顧忌？這些在以後，也是必須找出答案的。

（原刊於 2021 年 3 月 30 日《明報》）

嚴懲在暴力橫行時期
「和平」集會組織者

2019 年的兩次集會案審結，10 多個名人被控「組織及參與未經批准集結」，被告分別被判刑 8 至 18 個月不等，部分獲得緩刑。主流媒體大多報道他們喊冤的言論，他們辯解的邏輯很簡單：和平集會不應該起訴，起訴了也不應該判刑，判刑也不應該「重判」。至於法官為甚麼認為沒有發生暴力的集會也要判刑，對於當年自 6 月起的「和平」集會其後都會演變成暴力的背景，則被埋沒了。若然習非成是的邏輯延續下去，香港不但沒有長進，還會繼續永無寧日。

沒人分析集會自由在甚麼情況下受限

被判罪成的名人，有些本來已經背上其他罪名在囚，或者被判即時入獄而無法現身媒體鏡頭面前，聽不到他們的想法；有些被判緩刑的諸如李柱銘等則選擇閉咀，只有何俊仁及楊森等「獨領風騷」，他們大聲疾呼，不外乎說集會是公民權利，和平集會不應該禁止，過去這種情況根本不會被抓，這種法庭案例過去大多數是判社會服務令判罰款等輕判，所以這次很多人要入獄是重判，是「無法令人相信」和「匪夷所思」的。

公民有集會自由，誠如被判罪成的袞袞諸公指出，在《基本法》和香港法律、國際公約等等法律中都有具體條文保證。反對

派慣用的伎倆，是動不動給您來一個普世價值的宣傳教育，然後馬上說凡是限制這種自由的都是違法和不公義的。但沒有人會具體分析這個自由在甚麼情況下才能享用、甚麼時候會被限制。這裏也不妨簡單化地引用一個例子：美國明尼蘇達州 4 月 11 日又發生黑人被警察槍殺案，憤怒的人民立即上街抗議，幾個地方立即宣佈宵禁，違反宵禁令的則被捕。按照這個事實，我們可以說美國沒有人權、美國司法機構勾結政府破壞法治嗎？香港 2019 年黑煙四起，黑暴橫行，香港都沒有實施過戒嚴，我們能簡單地說香港比美國民主嗎？都不能。這些簡單化的邏輯歸納，不應該出自一個受過良好教育，甚至是法律教育的人口中，但為甚麼何俊仁之流還可以振振有詞呢？為甚麼媒體給他這麼大的篇幅呢？

2019 年 6 月起　暴力事件無日無之

　　和平集會是他們另一個譴責判決的理由。事實是 8·18 當天，集會後的遊行只有零星的暴力事件。然而，難道警方只批准維園集會不批准遊行，錯了嗎？法庭在判案時也沒有考慮這個因素嗎？簡單的歸納只有一句話：2019 年 6 月開始，暴力事件無日無之，破壞愈演愈烈。而且，被批准的集會，往往是在被批准範圍與時間內結束後，黑衣人馬上從背包拿出面具套上，拿出汽油彈亂扔，遇到警察封鎖則用雷射筆甚至其他武器，警方要是繼續批准集會，才是不負責任的決定。

　　這宗案的主審法官胡雅文，除了表達相信上述的情況外還說，過去有關集會的案例，都不能相提並論，因為過去案例都不是源於 2019 年的騷亂與動亂（unrest and turmoil）事件。綜合

6月以來發生的各種情況，量刑的標準也應該考慮到：保護公眾利益、公開譴責以及阻嚇作用。公開譴責是要反映社會不能接受此等犯罪行為和違法者，並且要對違法者發出警告。而量刑則需要考慮到當時處於的動盪局面（tumultuous situation）。

被告都是名人，李柱銘能背得出來的法律條文和案例，可能比主審法官還要滾瓜爛熟，他懂得的辯護技巧，曾經幫他打贏過無數官司。他當然不會攻擊這個法律制度。被判罪成後是求情階段。他們很多都擔任過立法會議員等公職，「服務社會、貢獻良多」，求情的理由真的是「魅力沒法擋」。然而，法官在判刑時強調，他們的政治信念並不影響量刑，而因為他們是名人，他們決定藐視警察的多次警告，本身是在鼓勵其他人違反法律。名人可以運用他們的影響力聚集人羣。

和平暴力收放自如　令人懷疑背後組織

被判有罪的人多半都會喊冤，他們或許是從自身的主觀角度考慮，他們為了他們的信仰，可以不顧違法行為對別人所產生的後果，說白了就是自私。

如果這宗案的案犯都是自私，就算是不幸中的大幸。現在看來他們大部分不是自私那麼簡單，特別是已經收監、沒有出來辯解的那些人。8・18集會相信是有預謀、有計劃、有組織、有綱領的行動。回想一下，在這以前和之後的每次集會後都有暴力行動，唯獨這次沒有，而諸多名人就在這次集會擔幡護旗，真有這麼巧合嗎？他們對於何時和平、何時暴力，均收放自如，不禁令人懷疑，背後的組織有多麼強大，而且部署得如何精密，甚至可

以計算到這些名人被法庭宣判後的發言將會產生的社會效應。

攻擊香港司法制度和法治社會基石，是出自這些飽讀律書的律師、大律師之口，西方媒體的報道在外國所產生的影響，是爆炸性的。香港市民看不懂這個陰謀，或者是否認同這個判斷不要緊，但請認真研讀法官的判辭，研判法律是否公正、香港法治精神是否得到保存，才是一個理智的決定。

（原刊於 2021 年 4 月 20 日《明報》）

全民抗疫沒商量
各場選舉看疫情

福建省放寬對台灣同胞入境福建的隔離政策，試驗階段只要求「2+19」，即兩天集中隔離，19 天只能往來工作和住宿地點之間的閉環管理。先不論台灣同胞和福建民眾對此的態度，要問的問題是，為甚麼廣東省沒有如此「厚待」香港同胞。特區政府多番去北京和廣州談通關而無果，相信人家考慮的是，特區政府有沒有能力帶領香港取得抗疫成果，也看香港社會整體對待疫情有沒有一股「同仇敵愾」的團結精神。

抗疫出問題　地方領導烏紗不保

台灣人口約 2,350 萬，最新（5 月 3 日）累計新冠感染數字是 1,145 宗，而香港人口約 750 萬，感染數字則是 11,787 宗。全國對入境人員的隔離政策大致上仍然是 14 天集中隔離，有些地方還會有加 7 天居家隔離的要求，各個省市對此可以有一定的靈活政策，但有一點是任何地方領導必須慎重的，就是在防疫抗疫問題上出了問題，烏紗帽是保不住的。最新的例子是，雲南瑞麗市 3 月底再次爆發疫情，市委書記龔雲尊不但被撤職，還背負「嚴重衝擊和破壞了全國、全省疫情防控大局，嚴重衝擊和影響了全省經濟社會發展和工作大局，造成嚴重後果和惡劣影響」的罪名。

所以，內地官員在處理疫情問題上，慎之又慎，即使被授予

權力實施一定程度的靈活政策，但也不會「輕舉妄動」。這次福建省領導敢於優待台灣同胞，台灣的疫情防控做得不錯是一方面，中央的默許也只是「壯膽」之舉，關鍵還是要看福建領導的魄力與膽識。

中央肯定也希望內地與香港早日通關，但決定權還在廣東省政府，而廣東省尚未放寬香港同胞入境隔離措施；不能說人家不夠膽識，因為廣東省居民的健康福祉以及經濟社會發展大局確實茲事體大。

為何廣東沒「厚待」港人？　應先反求諸己

凡事應該先反求諸己，香港的疫情跟天氣一樣時好時壞，特首林鄭月娥從不肯以清零為目標，到「勉強接受」但口惠而實不至。現在出現可能發生的第五波，雖然發現菲傭在本地感染了變種病毒而採取果斷措施，要求 37 萬外傭全民檢測，但不管人龍多早形成和排隊多少個小時，採樣站依然是施施然的上午 10 點開工，並且對強制接種疫苗才能續約問題的具體實施細則一問三不知。

要知道瑞麗市 3 月底發生疫情後，「對全員核酸檢測和全員疫苗接種工作組織不力，導致人員漏採漏檢、接種工作銜接不暢、現場組織混亂」，「龔雲尊落實黨中央統籌疫情防控和經濟社會發展決策部署不力，工作作風不深入不細緻」，這種失職瀆職的監督結果，是由中紀委向全國通報的。香港實行一國兩制，無論發生甚麼事情，也不會得到同樣待遇，所以在通關問題上，也要實施「一國兩制」，也就說得過去了。

當下明示暗示選特首　都是自找麻煩

　　一國兩制的特首是通過選舉產生的，一般情況下，明年 3 月份的選舉，今年底參選人就要「浮面」，「疑似」參選人在這個時候猶抱琵琶半遮面出場，也屬正常。但今年最大不正常的情況是疫情尤烈，抗疫不成，通關無望，經濟無法復甦，市民生活無法回復正常。簡單來說，就是疫情不去，一切無從談起。

　　在香港仍然處於一切無從談起的當下，如果有人明示或暗示要成為特首選舉候選人，或者「使橫手」明示或暗示某人要成為特首選舉候選人，都是自找麻煩，甚至會轉移社會視線，對防疫抗疫的焦點不夠重視。這些都是大忌。

　　現在弔詭的問題是，防疫抗疫必須依靠全民參與才能成功，外國接種疫苗的例子充分說明了其重要性：除非是出現了美國幾乎失控的邊緣，死亡人數達到 57.7 萬，才使大眾支持接種疫苗，但香港又沒有到這個地步，對疫苗有效性和可能產生副作用的合理懷疑，不能說沒道理；最終接種比例是否能夠到達羣體免疫的要求，不無擔心。而特區政府偏偏在多項安排上都頻頻出現甩漏，導致很多市民不敢「挺身而出」支持政府，全民抗疫的目標可能會變成可望而不可即。

建制派被賦予「雙重角色」

　　更複雜的情況是，立法會選舉也即將在年底舉行，「可以留低」的建制派，特別是要參與地區直選的建制派，有意無意間被賦予擔當既要支持政府、又要監督批評政府的雙重角色；對於特區政府在防疫措施的種種不是，必須予以無情的呵斥，否則就會

反被批評為橡皮圖章。而社會上充斥着過多的責罵聲，就更加不利於全民抗疫的氛圍。

對付疫情未能取得大功告成，只怪政府是不公道的，當然也不能只怪市民不合作，各打五十大板又無濟於事，反反覆覆的疫情拖下去，香港勢必被拖垮。這樣的情況下，無論用如何「完善」的機制產生的特首，都無法實施有效管治，而香港不能善治，惡果需要由全體市民承擔。與其到時出現對大家都沒有好處的境況，不如現在羣策羣力，大家一起打完這場抗疫的「世紀之戰」，然後才在各場選戰中再拼刺刀。

（原刊於 2021 年 5 月 4 日《明報》）

新聞界並非法外之地

　　警務處長鄧炳強明示或暗示要對付《蘋果日報》，引發一場不大不小的爭議，有人主張要立法制裁假新聞，有人認為新聞自由是香港法治基石。立法與否茲事體大，可以從長計議，但也不能把新聞界捧為博物館藏的明代茶杯，碰不得。討論這個題目的前提，是香港經歷佔中與黑暴之後，就不可能回到之前的狀態，《國安法》是要保香港平安永世太平，實施範圍又怎麼可以讓新聞界豁免於外呢？

假消息與偽消息有區別

　　「炳着」一哥的，是蘋果日報那則有關警察學院開放日小孩用仿製槍指着同伴的照片，「抵死」的是報道說：「有兒童在內手持假槍指射同學，輿論紛形容這有如重演 8・31。」警務處長鄧炳強對之公開譴責。《蘋果日報》抹黑警隊固然抵死，問題是，這樣的一則「報道」，究竟是不是假新聞；如果是，又可能觸犯哪條法律？

　　首先搞清楚甚麼是假新聞，指的究竟是假消息（Misinformation），還是偽消息（Disinformation）。兩者都是虛假或者不真實的，但還是有區別的：假消息是指沒有惡意動機或者不知道消息是假的而傳播了的虛假消息；偽消息是明知道不真實的，但出於某種動機去散播的虛假消息，很多情況是惡意成分，而且是用於政治抹黑的動機，冷戰期間美蘇間諜常用偽消息去擾亂對方。

偽消息抹黑警隊　要令香港無法維持治安

現在大家爭論要不要立法對付假新聞（Fake News），的確遇到一個難題：如何證明新聞是假的。簡單的事實容易證明，比如昨天日照時間究竟是幾個小時，但諸如「輿論紛形容這有如重演8‧31」，如何量度輿論本身就難，但確實有人這麼說。關鍵是「8‧31打死人」是偽消息，也不可能重演，《蘋果日報》這樣「報道」，就是惡意的假新聞，或者可以告刑事誹謗，但這種例子十分罕有。

「8‧31打死人」與「警察強姦女疑犯」這些偽消息，是敵方刻意製造毫無事實根據的消息，旨在抹黑警隊以削弱警隊在市民心目中的地位，最終達到香港無法維持治安的惡意目的。

如果重複「8‧31打死人」的是普通市民，不知道這個說法是否真確，人云亦云，真的不應該控告他，但記者有責任去查證，沒有證據就應該存疑，如果有人明知道這是偽消息（Disinformation）且懷有惡意去達到抹黑警隊的目的，為甚麼不能告他呢？起碼可以是 hate crime，鼓動仇視警察罪名起訴。現在將討論的焦點放在這兩者之間的模糊地帶，甚至以保護新聞自由為名，都是不對焦的討論。至於那些把議題說成是表達自由，「說句話都可能會被送監牢」的，顯然就是渾水摸魚，真實的目的是為了掩護敵人撤退。

誰是敵人呢？那些惡意編造偽消息（Disinformation），令警隊無法有效維持香港治安的，不是敵人難道是愛國者嗎？香港治安無法維持甚至癱瘓，就跟國家安全有關，不就可以用《國安法》將他們繩之於法嗎？

英國人管制報紙有所盤算

在《國安法》實施之前，香港在某種程度上仍然是一個「反共基地」，那些享受各種自由的人以為這個百多年來的傳統，是不可能改變的。

1840 年代英國人佔領香港，從來就沒有打算經營香港，只是在利用香港跟中國政府打交道。在這兩個原因並存之下，以容許從內地逃到香港的政治難民在此地活動作為籌碼，看準有利可圖的時機靈活運用之。晚清時期革命黨在香港辦《中國日報》、《廣東日報》、《有所謂報》，保皇派在香港辦《商報》等等，都是對清廷不利的，但都可以在香港出版，而且在報頭旁邊都寫着在佛山、東莞發行和訂閱的地址，直到 1908 年《大清報律》頒佈，所有反對清政府的報刊，一律不准在內地發行，一些以內地市場為主的報刊因而倒閉。

香港這個「新聞自由」的傳統，在國民政府執政期間，香港可以發行共產黨辦的報紙，在共產黨執政期間，可以發行國民黨辦的報紙，《香港時報》經營到 1993 年，虧本到無法承受才宣佈倒閉的。英國人允許香港成為反對中國現政權的基地，是有所盤算的，因為殖民地政府手中有權，甚麼時候用多少以達到甚麼目的，完全可以「為我所用」，中英關係好的時候，就稍微管制敵對中國政府的報紙，中英關係不好的時候，就放寬敵對中國政府的報紙。不但如此，英國政府曾把孫中山列為不受歡迎人物，也曾讓國民黨特務在香港抓捕共產黨人蔡和森，並將他送廣州處決。

依法起訴　瓦解敵對勢力

回歸前港澳辦主任魯平對於香港成為反共基地曾經表示憂慮，回歸後中央與特區官員當然也不知道怎麼辦，當時也無法洞悉 1995 年創辦的《蘋果日報》的狼子野心。直到佔中和黑暴期間，黎智英從幕後走上前台，現身指揮角色，即使到了這個時候，特區官員對於黎智英就是敵方以偽消息惡意抹黑特區政府以達到令香港癱瘓的企圖，還不以為意。

《國安法》實施，依法起訴敵方的組織與人事，瓦解敵對勢力，如果黎智英確實被證實違反《國安法》，就不要將問題混淆成新聞自由的議題，當然也沒有人會大聲疾呼說，香港要繼續享有做反共基地的自由。

（原刊於 2021 年 5 月 18 日《明報》）

第二章

港獨風雲

真的要去英國打個白鴿轉？

憑 BNO 移居英國計劃日前開始正式接受申請，中英兩國為此展開了一場 20 多年來最激烈的外交角力。外交火力再猛，對於正在猶豫是否「享受英國念舊的恩賜」者，主要還是看移民後能否有更好的生活質素，而英國這個吸人吸錢的計劃，對香港會造成多大的影響，還要看申請的人數和來自哪個羣體。

這個移民導向的 BNO 簽證計劃，跟 30 年前的居英權計劃有一個根本的區別。居英權計劃提出的時候，英國時任外相韓達德訪問香港，筆者當時代表《文匯報》在記者會上問他，居英權是否會掏空香港的人才庫，損害香港的利益。他的回答是：「No，下一條問題。」這是他蔑視來自《文匯報》記者提問的態度，但某種程度也是說了實話，因為獲得居英權的 5 萬戶，可以繼續留在香港，而事實上，當時獲得居英權的人離開香港的也不多。

BNO 簽證計劃則不一樣，簽證有效期是 5 年，住滿 5 年後如果不提出申請長期定居（Settled）或者申請被拒的話，簽證將會被取消。那麼獲得簽證後要馬上前往英國居住，這個計劃會對香港構成潛在的實質影響。

英國估計首年申請者會達到 15 萬人，5 年內會有 25 萬至 32 萬人提出申請，為英國帶來 24 億至 29 億英鎊收益。英國沒有說明對人數和收益來源估計的理據，申請費用和額外醫療保險費用都不能算作收益，因為兩項服務是有成本的。真正的收益應該是，香港移民到英國買房子的金額，這就帶出究竟哪個羣體的

人會利用這個計劃移民英國的問題。

申請的條件十分「慷慨」，毋須巨額資金證明，也毋須有就業保證的證明，只需要有 6 個月生活費的金額證明足矣。那就是說，去到英國慢慢找工作也可以，而英國在疫情前的失業率不高，很多行業都缺人，最需要的職位是教師、物理治療師、工匠、貿易從業員、工程師、醫護人員、獸醫護士等等，而就業職位最多的地區，也不限於生活成本高的倫敦，利物浦和曼徹斯特等也有很多職位提供。

從這些細節看，BNO 計劃明修棧道暗渡陳倉，棧道是給美國看的，陳倉是要人要錢。英國脫歐，未來一段時期對外關係的重點將轉向美國，即將要簽訂的《英美貿易協議》，英國在談判桌上的籌碼不多，正值美國要找更多國家結盟對付中國，英國帶頭附和，打出的主旨是：中國通過《香港國安法》，限制香港人的權利與自由。英國送上門迎合美國，美國求之不得。

英國脫歐協議最終在去年底才達成，為留住來自歐盟的工人，早在 2018 年已經頒佈計劃，讓已經在英國的大約三、四百萬歐盟公民，申請新的留英身分，在英住滿 5 年的可以獲得「定居」身分，未住滿 5 年的可以獲得「定居前」(Pre-settled) 身分。申請截止日期到今年 6 月底，至日前大部分申請都獲得批准，只有約 3 萬個申請被拒。

5 年後申請定居　英政府可選擇批准與否

所謂英國 BNO 計劃，就是以前不能得到移民簽證，現在開恩給您（英國內政部的說明是 "This is a generous offer"），獲得簽

證住滿 5 年後可以選擇申請定居身分，然後再申請公民身分。英國的文件上說 "they have the choice to apply"，申請者可以選擇申請的潛台詞是，政府可以選擇批准還是不批准。

英國政府批准與否，取決於是否還需要某一類人，這就要看 5 年後英國的情況，如果繼續需要勞工，跟制定這個「BNO 計劃」的原意相符，那就會大量批准。可能會變化的情況大概有幾種，一是經濟環境轉差，不再需要勞工；二是英國執政黨更迭，工黨上台，限制外來勞工；三是兩黨實力變得旗鼓相當，執政黨要討好勞工選票而減少批准外來勞工。當然還存在第四種情況，即英中關係改善，英國取消這個 BNO 計劃，但機會十分低。

英國確實需要大量外來勞工，來自歐洲的勞工，填補了英國人不願意做的行業——護士、護理人員、清潔工、修理水喉等工匠，而且英國發展新興行業，創新科技的工程師與設計師等等，都需要外來補充。脫歐後需要增加新的勞工來源地，想出了既能討好美國、也能滿足國內需要的計劃，一舉兩得，何樂而不為。至於可能帶來的幾十億英鎊收益，以及增加跟中國的談判籌碼，則是額外的「獎勵」。

無掩雞籠今後或關閘　說回來就回來難說了

香港考慮參加 BNO 計劃的人，才不會看到自己成為中英角力的棋子這個角色，也不會看清在英美貿易協議打擊中國外交的成分，關鍵是移民英國是否能夠改善生活質素，這也無所謂，香港人移民海外的情況，近百年來，雖有起伏，但也是一種趨勢，而且很多人是移民後覺得還是香港好，又回流香港。目前 30 萬

加拿大人、10 萬澳洲人、4 萬英國公民在香港居住，他們大多數也是回流的移民。

　　這次不同的地方，是中國的實力今非昔比，移民後取得外國國籍，今後回流香港是否還是那麼容易，回流以後所享受到的權利，是否跟以前一樣，就要重新審視了。要是難於決定，去英國打個白鴿轉也無妨，但如果賣了房子去，回來原來的職位已被人佔了，再買房子縮水多少，就難說了。

（原刊於 2021 年 2 月 2 日《明報》）

寫給犯暴動罪在獄中的朋友

2020 是最特別的一年，每個人對此都有不同的理解，相信犯暴動罪在獄中度過年關的朋友，更是別有一番滋味在心頭。曾享自由的您們，一旦要在鐵窗內遵守嚴格的紀律，一定十分難受。筆者沒有坐過牢，沒有您們的感同身受，但大家都是香港人，還是有些話想跟您們聊聊。

您們在獄中，一定會想家人，他們也不好過，除了牽掛您們是否有足夠的衣服抵禦今年特別寒冷的冬天，還要在疫情中誠惶誠恐生活。他們更擔心您們，出獄後如何重投社會，回復正常的工作與生活。相信這也是所有囚犯朝思暮想的事情，這個時候，有必要釐清某些事情，以免影響您們的思路。

不要以為美國定會為您爭取甚麼

您們一定聽到新聞，美國國務卿蓬佩奧要求中國政府釋放被香港政府「逼害的政治犯」，您們千萬要搞清楚，美國「關心」香港的意圖是甚麼？跟您們有何關係？

美國政府這麼高級的一個官員，就中國一個城市發生的事情，三番四次如此高調地發聲明，這本身意味着，這是中美兩國之間的事情，而不是討論究竟是刑事罪還是政治逼害的問題。既然是國家層面的事情，就只能由中國的中央政府與美國的聯邦政府去解決。兩國之間有很多問題，要通過磋商、談判甚至是鬥爭的手段去解決，諸多的問題在中美政府中孰輕孰重，而且會因應

時勢變化更改優先次序。拜登政府上台後，政治、貿易、軍事問題如何排列還是未知之數，哪些是叫價的籌碼、哪些是交換的條件，都鎖在美國政府幕僚的抽屜裏，您們能知道嗎？

所以，您們千萬不要聽到美國政府高調關注香港，就以為美國一定會為您們爭取甚麼，一旦美國政府得到他們所想得到的，以後就會絕口不提香港。任何國家都是為自己的國家和人民着想，為中國人爭取最大利益的，一定是中國政府而不是任何其他國家。

當然，您們未必會認為自己是美國的棋子或者談判籌碼，只會為個人前途打算，這也無可厚非。這個時候，您們也一定知道，英國對 BNO 持有人網開一面，「歡迎」他們投靠英國。鐵窗內的人一天到晚朝窗外看，那就不妨看看窗外有沒有「大隻蛤乸隨街跳」。

首先，BNO 持有人只是 1997 年或以前在香港出生的身分，而英國為何在這個時候突然間「念舊」？英國脫歐，過去自由到英國打拼的歐洲人從此是另一種身分，所以英國需要另一批人去填補這個「大窟窿」，各行各業各個階層的人都需要，有 BNO 的港人，誰會趁這個機會去試試先不說，這裏回到跟獄中人聊聊的話題。

您們犯了暴動罪，相信有些是一時衝動，但這麼多人觸犯同一個罪名，一定還有深層的因素。香港經濟單一，只剩下金融、地產等幾個行業，缺乏這方面學歷或者技能的年輕人，很難找到合適的工作和安穩的生活，這是政府沒有及時轉型的錯。那麼，這些在香港不適應某些行業的人，到了英國就能夠找到合適的工

作和安穩的生活嗎？英國歡迎有競爭力的人，您們就是他們歡迎的類別嗎？如果您們到了英國，遭遇到在香港類似的待遇，為甚麼要背井離鄉呢？

何必遠走他鄉？　香港才是您我的家

個人選擇到哪裏工作生活先不去說，您們在香港，對政府有所不滿，都有自由去表達，但如果到了英國還是採取違法手段去表達，同樣會被送到監牢，您們想過英國監獄的囚友會跟香港一樣嗎？

或許，您們現在想到的是那些像許智峯、羅冠聰等領頭人物，他們「流亡」海外，還在高調吶喊，先不說他們為何撇下您們不管的問題，您們可曾想過，在海外吃反對中國的這碗飯，真的就那麼好吃嗎？伸手要人家給您飯吃本來就不光彩，人家甚麼時候不給您飯吃，您還能吃甚麼？況且，人家就給那麼一點飯，您們去跟那些一時風光的人搶飯碗，他們還會當您們是兄弟嗎？

有些人說，像您們這樣這些黑暴，離開香港，香港才會有太平。可是，既然您們已經罪有應得，入獄受懲罰，就可以放下包袱，出來就是一個新人，何必要遠走他鄉呢？畢竟香港才是您我的家。

筆者也曾想過，參加遊行示威表達對政府的不滿，沒有甚麼不對，但扔過汽油彈、襲擊過警察、砸爛過酒樓店舖，就很難重新認同這個社會，可能會帶着仇恨一輩子反對政府，永不翻身。是否真的如此，不敢斷言，其實，只要您們利用在獄中的時間，認真去想想，您們反對政府的那些事情，如何才能有效去改變

它，怎麼做才是合法合情合理，這樣，就不枉在獄中所受到的懲罰。如果您們真的對過去的犯罪行為有悔意，以後見到警察，就在心裏默默地說聲對不起，在選擇去哪家酒樓跟家人吃團年飯時，就去美心酒樓，為過去的所作所為做點補償。

最後，跟您們可能做不成朋友，但我還是這樣稱呼您們，因為不想您們繼續成為社會的敵人。誠心祝願您們重獲自由後能夠成為對建設社會有貢獻的人，新年快樂。

（原刊於 2021 年 1 月 5 日《明報》）

「效法」美國英國維護國家安全

《港區國安法》實施，惹來反對派伙同英美等國家，指控一國兩制已死，先不計較一國兩制已經死了多少回，這個指控不能成立是因為以法律去界定行為底線，是尊重法治的表現；至於法律是否過於嚴苛，則是另一回事。英美高調批評《港區國安法》過於嚴苛，卻不敢提自身的國安法為何更加「猛於虎」：美國在開打冷戰時立法成立國家安全委員會，9‧11後立《愛國者法》賦權政府用各種嚴厲手段打擊恐怖分子。《港區國安法》某種程度是效法美國，緣何又會被美國批評呢？任何國家在面臨國家安全受到威脅，都會用盡一切辦法去維護國家安全。二次大戰後，美國以馬歇爾計劃在全球範圍內「撒錢」對付共產主義，1947年通過《國家安全法》，改組軍隊架構，成立中央情報局及國家安全委員會，三項措施都是為開打冷戰作準備。

《港區國安法》成立維護國家安全委員會，其職能包括蒐集情報防範和打擊危害國家安全行為，毫無爭議。中聯辦主任兼任國家指派的國安事務顧問，反對派指控這是中央介入香港事務，成為另一權力中心，實際上《港區國安法》列明職能只涵蓋與維護國家安全有關事宜。美國的國家安全委員會，成員除軍事與情報負責人外，還有經濟事務顧問，因為國家安全的範圍包括經濟安全與發展利益，而香港的維護國家安全委員會並不涉及經濟政策，一國兩制的界線還是十分清晰的。

《港區國安法》另一爭議的地方，是遇到特殊情況，經過提出

並得到中央批准，涉嫌罪犯被拘捕後將會交由內地法院按內地法律審訊，這又是所謂一國兩制已死的幾宗罪之一？先不說這萬中無一的情況發生後將會如何，但起碼這是經過有關程序，通過法院按法例審判裁決的。英美等國家曾經做過，或者還正在做的又如何呢？

美國受到 9‧11 恐襲後，2002 年在古巴軍事基地設立關塔那摩監獄，囚禁未經審訊的恐怖主義分子嫌犯，雖然被全球批評違反人權，但美國我行我素，各黨派認為符合本國利益，特朗普上台後簽署行政命令，永久保持這個監獄。

英國北愛爾蘭亂局持續 30 年，最終導致約 3,600 人死亡。1968 年起暴力衝突不斷，縱使派軍隊鎮壓也平息不了，在貝爾法斯特市中心建 45 英尺高牆阻隔兩派居民區也徒勞，1971 年起獲授權，將未經審訊拘押危害公眾秩序嫌犯，囚禁在皇家迷宮監獄（HMP Maze），到 1975 年共囚禁過 1,981 人。

未經審訊的囚禁嚴重違反法治，為甚麼香港的反對派從來沒有譴責過美國和英國？卻來懷疑訂明按法律審判的《港區國安法》違反法治精神呢？

《港區國安法》通過前後，一些鼓吹港獨和策劃港獨活動的分子慌忙出逃，他們當然有理由害怕。而這條法例對執迷不悟的分子具有震懾力的地方在於，無論是否具有香港永久居民身分，都適用該法。身處中國以外的外國人、具有外國國籍的港人，或者逃到外國改變了國籍的港人，如果違反了該法，同樣會受到制裁。所以他們擔心如果落入被通緝名單，路經跟中國簽訂引渡協議的國家，也會被引渡到中國受審。反對派在大力散佈「靠嚇」

言論，無非想製造人人自危的恐怖氣氛，但他們在被問及美國的做法與《港區國安法》有何不同，也會無言以對。

美國政府官員可以根據《愛國者法》，監聽和錄音電話對話、查看電子郵件和電子設備儲存的資料，適用範圍除本國公民外，只要落入懷疑恐怖分子名單，外國人也會受到「同等待遇」，無一倖免。斯諾登因為爆料匿藏香港，被美國申請引渡回去受審，至今仍然流亡俄羅斯，美國憑甚麼說《港區國安法》過於嚴苛？

駐港國安公署的人員和車輛，執行公務時，不受香港執法人員檢查、搜查和扣押，這條款也被認為是違反一國兩制的「罪證」，試問美國聯邦調查局和中央情報局的人員和車輛，州警察或者市警察有權搜查嗎？關鍵問題還是，在維護國家安全問題上，是否承認國家有權利和義務。

美國為維護國家安全，1947 年通過《國家安全法》，調整外交與國防的機構，全力對付共產陣營，2001 年受到恐襲後，只花了 40 多天便通過了《愛國者法》。在反恐法的基礎上，大幅擴大政府對外對內的權力，同時也調整了機構設置，將各情報和執法機關納入國土安全部，該局人員達到 24 萬之多。英國對於維護國家安全的決心與魄力也不遑多讓，在處理北愛爾蘭衝突問題時，動用軍隊鎮壓、設置政治囚犯監獄囚禁未經審訊公民，1972 年解散北愛議會，理由是北愛議會無力恢復秩序。

反對派對英美種種做法視而不見

英美的種種做法，不惜違反人權和國際準則，香港的反對派故意視而不見，反過來指摘《港區國安法》破壞法治等等，何不

去看看英美國家敢於冒天下之大不韙去維護國家安全，其原因和決心與中國有何不同？

（原刊於 2020 年 7 月 7 日《明報》）

反修例風波被製造成
台灣選舉議題
——兼反駁香港電台新聞部
歪曲報道

　　蔡英文以高票當選台灣新一任總統，賽果分析五花八門，筆者在香港電台《城市論壇》上表示，民進黨將香港反修例風波通過社交媒體製造成一個選舉議題，只是其中一個分析角度。特朗普在 2016 年選舉期間，將金正恩描繪成「狂徒」，也是在製造選舉議題，當上總統後立即跟金正恩「握手言和」，蔡英文製造一國兩制威脅的「芒果乾」（亡國感），當選以後絕口不提「亡國」，難道不也是選舉議題嗎？

　　任何選舉都有選舉議題，選區細選民少的選舉，議題由候選人和選民共同商議，候選人有機會對選舉議題深入表達，不同候選人之間可以理性辯論。選區大選民眾多的選舉，牽涉問題多而且複雜，議題不能面面俱到，候選人往往將複雜問題簡單化，簡單到用一句口號就能概括。要做到這個效果，就必須將問題推向極端，沒有「雖然但是」，也沒有「不但而且」，候選人之間對於選舉議題，只會喊幾句口號鼓動選民情緒，以堅定他們的選票投向。

　　蔡英文在她的競選短片《大聲說話》中，將香港與台北的地

鐵形容為兩個世界（全長約 3 分 9 秒，不能盡錄，也有簡單化之嫌），台北的捷運站，年輕人可以享受寧靜、可以打球、可以滑滑板；香港的港鐵站，「數不清的青年，每天被逮捕、被關押、被凌虐、被失蹤」。先不說內容嚴重失實，只看敍述的手法，難道不是將問題簡單化、極端化嗎？

台灣這次選舉，被製造出最大的議題就是一國兩制，該視頻接着說，「原來一國兩制就是獨裁專制」。事實上，香港的國民，對於一國兩制的理解，也是豐富多彩，跟北京的理解不一樣的，也不在少數，但總不至於用一句話就可以概括的。然而，選舉就是選舉，候選人不誇大其詞，如何能夠激動民心？

筆者 1 月 12 日應邀出席港台節目《城市論壇》，在開場白就表達了一個觀點，香港的反修例風波，被蔡英文通過社交媒體製造成一個選舉議題，激起選民對一國兩制威脅論的情緒，成為蔡英文以高票當選的其中一個因素。同時指出，民進黨在九合一選舉中大敗於國民黨，而及後在民生與管治方面沒有改進，如果不是依靠製造選舉議題，如何解釋可以獲得高票？更加不能解釋的是，民進黨聲稱一國兩制令台灣感到威脅，但一國兩制的建議 40 多年前就提出來，為甚麼「威脅」突然在今年變成「打到來」的迫切？

同場嘉賓陳志全議員以及資深傳媒人李怡分別反駁筆者的觀點。陳志全表示，一國兩制的威脅是真實的，不是危言聳聽。李怡先生則表示，反修例風波的「畫面不是佢（民進黨）製造出來的」，如果大家看電視新聞，看香港的、台灣的，以及國際媒體如何報道香港發生的事情，「這個畫面才是他們要接受的畫面，

不是民進黨拼湊出來的，而是大家在電視新聞共同看到的畫面」。

筆者承接畫面的議題回應，表示有一個自我實現的理論（或許可以解釋），詰問李怡先生所講，究竟這是他們「要接受」的畫面，還是他們「想要接受」的畫面？是他們有選擇性地揀取一些畫面來看，然後選擇性地接受這就是事實？

討論過程中提到的「他們」，筆者是指台灣的電視新聞觀眾，相信李怡先生指的也是觀眾，因為他提到特定的指向，用了「佢」，並說明是民進黨，所以其餘的「他們」應該也是觀眾。

可是，這個討論到了香港電台新聞部記者眼中，「理解」就不同了。港台新聞網站在 12 日 14:07 發出一條新聞，標題是：「阮紀宏：蔡英文借反修例製議題　李怡稱炒作勝算不恰當」。內文首段是：「……阮紀宏……表示，蔡英文選擇性取材，將香港反修例事件一些畫面併（拼）合，再透過極端化畫面，利用社交媒體為自己製造選舉議題……」

這是嚴重的歪曲，筆者從來沒有直接說或暗示過，反修例畫面是拼合而成，更沒有直接說或者暗示過，是蔡英文選擇性取材製造出來。

筆者晚上 10 點左右發現這篇報道，立即向《城市論壇》主持人蘇敬恆提出抗議，並要求港台撤回稿件及向本人道歉。港台新聞部後來的確從網站中撤回了該篇報道，但 13 日早上，港台新聞網站卻有另一條新聞，標題為：「阮紀宏：民進黨製造議題　李怡：反修例示範一國兩制」。報道的內容基本屬實，但這篇報道網頁上標出的時間，竟然是 12 日 14:07。用意是甚麼不敢猜測，但沒有仔細比較的讀者，就不知道港台新聞部在報道同一個場

合，以及相近的內容，曾經犯了一個極其嚴重的失實錯誤。港台新聞部採取移花接木的手法，逃避對當事人和讀者的道歉，違反新聞工作者道德規範。

　　港台的歪曲報道，對於讀者理解台灣選舉以及本人，只是過眼雲煙的事情，但值得深思的是，蔡英文用簡單化和極端化的手法歪曲香港的反修例風波，目的是為了打選戰，這個不難理解；但港台新聞部又不是面對選舉，為何也要以極端化的報道手法去歪曲一個講者的意見呢？

原刊於 2020 年 1 月 14 日《明報》

後續：砌港台　天天有題材

香港電台 2021 年 1 月 23 日新聞報道，佐敦封城期間，政府給市民派食物，其中有四罐罐頭，賓館沒有罐頭刀。意思是被封鎖不能外出的市民得物無所用，暗指政府辦事不周。政壇和新聞界不少人指，這篇報道以偏概全甚至刻意造假，因為報道沒有交代同樣重要的事實，即四罐罐頭中有三罐無需使用罐頭刀也可以開啟。至於記者在拍照時，是否故意將有拉環的一面反轉，以突出需要用罐頭刀才能開啟？記者的「心思」，真猜度不透。

港台立即發聲明表示有關批評是「抹黑指控」，且有記協幫腔，違反新聞道德的港台卻搖身一變成為受害人。港台自稱一直堅持尊重事實，不偏不倚作中肯報道。港台「受害」，就會振振有詞，在公眾輿論中搶佔道德高地。而個人成為港台栽贓的真正受害人，又有誰會為他們發聲。本人在新聞界打滾幾十年，而且有報章專欄可以自訴自辯，港台也敢栽贓污衊，換成其他人就只能啞子吃黃蓮了嗎？真不知道有多少真正的受害者被港台誣陷過。

如果只有對我在公開講話的歪曲報道以及罐頭風波這兩篇報道，或許大家會說，人誰無過，記者也是人。同意，我的新聞生涯，所犯的錯誤，也足以填滿一張紙。問題是錯誤後如何處理，罐頭風波後，港台說人家抹黑，那麼，從我

上述的文章看，他們有道歉嗎？港台遮遮掩掩的換了一篇稿，就當甚麼事也沒有發生過，後來寫這篇稿的記者給我來電話，說多少年前就認識，還一起採訪過，今後要多溝通，但就是沒有道歉；私下沒有，遑論公開道歉。

我在新聞教育基金會編的《新聞人的故事》書中，撰寫了一篇關於報章道歉啟事跟錯誤對受害人造成的傷害，完全不成比例。新聞機構更大的問題，是不去檢討出錯的成因和共性，更何況港台是官營機構，每年花公帑 10 億元，市民有權去問問，屢屢犯錯的記者，居心何在？

問記者的居心，或者報道新聞的動機，是不應該的。因為記者應該是沒有動機的，一切應以客觀事實為依歸，盡量將事實的全部呈現給讀者。然而，有時候由於記者的識見或者各種文化差異而在選取角度上有所不同，很難說是錯誤，或者是由於某種動機導致，這就是本文開端所說的，記者的「心思」猜度不透。問題是，近年被投訴或者被發現的港台報道問題，多半是出在跟政治議題有關的新聞，而出現的問題都是對特區政府不利，以及對反對派有利。

由於港台記者「居心叵測」，以及很多被投訴的問題都在灰色地帶，投訴人也未必能夠好像我這般專業地記錄和說清楚投訴內容。更麻煩的是，由於這些「問題報道」涉及政治議題，往往就會變成藍黃兩營之間爭個你死我活的對罵，香港處理新聞投訴機制又不健全，「問題報道」反而成為無頭公案，不了了之，港台一次又一次的可以苟延下去。

港警面對暴力與心戰雙重攻擊

以暴力和心戰攻擊香港警察，污衊警察形象，短期目的是阻撓警察執法，長遠是要摧毀港府的管治根基。

十一國慶前夕，香港警方公佈獲取的情報顯示，暴徒將針對警方，包括招募死士殺警察，或者製造警察殺死暴徒的陷阱。國慶日當天，全港多處出現大規模衝突，警察在遭到圍攻的情況下，一名警察開槍打中一名暴徒，在全港四處地方一共開了六槍。然而，相信在今後一段時間，暴徒將繼續「鍥而不捨」將矛頭指向警方，使警察無法止暴，使特區政府無法制亂。

六月開始的亂局，每星期都有衝突場面，近日暴力程度升級，警方形容暴徒行為跡近恐怖主義。另一邊廂，暴徒則指摘警方濫用武力。而社會上一種強烈的聲音是要求特區政府成立獨立調查委員會，查明警方是否有不當行為。在莫衷一是的情況下，特首林鄭月娥舉行地區對話會，邀請普羅大眾發表意見，結果一如所料，發表意見的市民，十居其九質疑警方濫用武力，並要求政府成立獨立調查委員會。

成立調查委員會這個訴求，用意十分明顯，就是迫使特區政府給出結論，證明警察在處理示威衝突中起碼有錯。至於有多大程度犯錯，並不重要，因為如果結論是警察大錯，就可以大肆宣傳警察濫權；如果是小錯，則攻擊調查委員會不公正。無論結論如何，反對派都可以振振有詞，這是一箭雙鵰之舉。而特區政府一天不成立調查委員會，則訴求成為永恆的話題，可以繼續天天鬧下去。

儘管特區政府三番四次強調現行監警會的機制有效，無需成立調查委員會，但聽者藐藐。其實，法律界人士早已指出，經過調查委員會審視的證據，將不能成為法庭審理被起訴的犯罪嫌疑人的證據，等於放生被捕人士。反對派的所謂五大訴求，其中包括不再拘捕和起訴干犯罪行的暴徒，要求成立調查委員會是聲東擊西的做法。

　　香港警察是世界公認訓練有素、紀律嚴明的隊伍，近年犯罪率下降，香港成為全球最安全的城市。可是，一夜之間，被黑衣人稱之為「黑警」，甚至與黑社會齊名。雖然絕大部分市民對此不認同，但在多個衝突場面中所見，不少市民「聲討」警察。原因很複雜，當中有警察在驅散暴徒的時候，使用了催淚彈等武器，殃及池魚，又或進入私人大廈和商場執法，使普羅百姓生活受到影響；也有市民同情年輕示威者，以行動阻撓警察對付暴徒。污衊警察在市民心目中的形象，這一招對於反對派來說十分有效，一則讓暴徒理直氣壯地攻擊警察，再加上在社交媒體上恐嚇警察的家屬，企圖在心理上摧毀警察的士氣。

　　特區政府以及警隊高層當然會顧及警察士氣，社會大眾也在為警察加油，整個香港分化成兩派，一邊在提振警隊士氣，一邊在瘋狂破壞，互相拉扯角力。雖然警察受過專業訓練，但畢竟是血肉之軀，也有七情六慾，無日無之的暴力已經 100 多天，警察的體力被摧殘，神經被繃緊，一旦他們的情緒被激動，錯手造成市民傷亡，反對派就可以趁機把事情鬧大。他們在等警察犯錯。

　　以暴力攻擊警察，以心戰打擊警察，敗壞警察形象，目的是要使警察不能有效執法，不能將暴徒繩之於法，但這些都只是短期目

標的戰術而已。反對派的狼子野心，遠不止於此。他們真正的目的，是要徹底摧毀特區政府的管治根基。懷着良好意願、相信美國式民主可以使香港更美好的善良市民，可能會認為這種說法又是陰謀論的猜測；但有誰可以解釋，為何日夜在保護香港市民財產與生命安全、維持社會秩序的香港警察，瞬間會成為「黑警」呢？

為何瞬間成為「黑警」？

美國要「阻擋中國人民和中華民族的前進步伐」，他們以一切可能的手段責難中國政府，在高科技方面攔截華為，在經濟上指摘中國補貼企業及操控貨幣，在政治上詆毀一國兩制，政經文化三管齊下。香港的反對派客觀上是在配合美國針對中國的做法，主觀上是希望在區議會選舉、立法會選舉上取得勝利，繼而由他們來支配特區政府的人事選配和財政運作，步步緊逼，摧毀警隊只是整個戰略藍圖的第一步，也是他們認為可以起到立竿見影的一步。如果這一步得逞，特區政府失守，他們就可以兵臨城下，予取予攜。

既然認清反對派的戰陣，目前需要做的是保護警察，讓他們一心一意的執行止暴制亂；至於他們個別人員在某一個甚麼環節上可能犯了甚麼過錯，日後追究也不遲。反正香港是我們今後美好生活的地方，如果不能止暴制亂，美好的香港將不復存在。

（原刊於 2019 年 10 月 13 日《亞洲週刊》）

美國綁架香港要脅中國
中央應對香港也會升級

　　上周末暴力衝突中，出現了一個新鮮畫面：抗議人羣中的美國旗增多而形成一片小小「旗海」。與此同時，美國總統特朗普首次開宗明義表明香港發生的事情跟中美貿易戰有關，而且他還能夠「準確預言」香港一日後會發生的大事。中美雙方都承認香港是兩國對抗的棋子，若今後中央政府要在港跟美國交手，相信就不是香港警察的職責了。

　　美國插足香港從幕後走向台前，現在已十分明顯，距離舞台中央只有一步之遙而已。從特朗普 8 月 30 日見記者時的講話，還是有點閃爍。他首先說 200 萬人的示威場面不多見（他對 8 月初美國全國各地呼籲加強管制槍械的示威場面視而不見），然後話鋒一轉：「我們在未來兩、三天將會知道更多在香港發生的事情，希望他們能得到非常人道的對待。」（I think we're going to be learning a lot over the next two or three days. And I hope that it's handled in a very humane way.）雖然沒有明言「他們」是誰和將會發生甚麼，但從香港在過去的周末暴力有所升級看來，特朗普所言不虛。

　　特朗普回答另一條問題「你認為香港所發生的事情與貿易談判有關嗎？」他說「我認為有關係」（Yeah, I do. I do.）。可是在演繹這個答案時又變成了假設語態，「如果真的跟貿易談判扯上

關係，香港將會陷入更大麻煩，香港可能已經經歷了更嚴重的暴力」（I think if it weren't for the trade talks, Hong Kong would be in much bigger trouble. I think it would've been much more violent.）。特朗普是在赤裸裸地恫嚇中國，顯示美國有能力使香港遭遇更大麻煩和暴力。及後特朗普再也不加掩飾地說：「正是因為跟貿易有關，所以香港的『溫度』才得以大幅降低，因為中國希望能達成協議，這就令香港的情況有所約束。你明白的。」（I do believe that because of what I'm doing with trade, that's very much keeping down the temperature in Hong Kong ...... Because China wants to make a deal ...... that's holding it down in Hong Kong. You understand that.）

特朗普一句「你明白的」，中國沒有正式的回應，只是在《人民日報》一篇文章說「美國一些政客宣稱要將香港事務與中美經貿磋商掛鈎，再次暴露了他們打『香港牌』的險惡用心」。沒有點名特朗普，而且還苦口婆心地說：「我們奉勸一句，別再搞煽風點火那一套了。」

國家安全與對美貿易二擇一　北京會選前者

中美雙方雖然都在厲兵秣馬，但表面上還算有所約束，因眼前大局是貿易協議；即使談判一度陷入崩盤，雙方還是積極做出讓步，為恢復談判營造友善氣氛。而且是在邊打邊談，但也要維持可以談下去的形象，因為任何一方都很清楚，中美談判宣佈破裂，對世界貿易局勢將會造成摧毀性的破壞。

與此同時，雙方又都承認香港在貿易談判中的位置。8月1日

特朗普說香港是中國一部分，發生的暴亂應由中國自行處理；29天後則公開承認美國將香港作為談判的一隻棋子，而且在同一時段，香港暴徒的暴力不斷升級。從言辭到行動，表示美國對左右香港「所發生的事情」的實力。美國主攻態勢十分明顯，以香港作為與中國貿易談判的籌碼，即使談判達成協議，也可以藉在香港搞出一個「大頭佛」拖慢中國發展步伐，是個一石二鳥之計。

中國則處於守勢，不但要守住貿易對經濟的負面影響，也要守住香港在國家安全的重要戰略位置，還要顧及台灣對統一大業的影響。對外經貿當然重要，但畢竟外貿依存度對 GDP（本地生產總值）的影響，從高峰期的六成已降至去年的 33%，況且對美國進出口的比例更降到外貿總額的 12%；反而國家安全對核心利益的影響則有所提升。如果被迫要做出二選一的抉擇，北京會選國家安全而非對美貿易。

另一個值得注意的動向是，中央政府在處理香港問題時已與處理台灣問題綑綁在一起。北京表示香港暴亂幕後推手是美國與台灣，隨即取消內地居民到台灣自由行的政策。隱約看到北京的邏輯，美國在港搞「小動作」，其實是劍指台灣。回顧歷史，美國出兵南韓攻打北韓，中國理解為要拖住中國收復台灣的步伐，中國出兵是抗美援朝，「抗美」放在前面，但統一大業一拖就是 70年。而今美國在香港圖謀已「開局良好」，遠的影響不說，民進黨在總統大選中又多了個競選議題。

料北京仍有很多工具處理香港局勢

中國在 1950 年仍是一窮二白，但為了保家衛國的生命線，

仍咬緊牙關出兵北韓；而今經濟實力大幅增強，對守護國家安全利益的底線，相信是會不惜一切代價的。而美國在港興風作浪，現在已搞成這個樣子，特朗普卻說「可能會有更大麻煩和暴力」，相信他手裏還有很多子彈。而港澳辦說如果香港局勢惡化，中央不會坐視不理，相信北京的工具箱也有很多工具。

北京已使出一些收效不輕的工具，比如國泰要更換總裁和辭退一些員工，接下來大家都在看臨時調動到深圳的武警部隊何時開過深圳河對岸。從一國兩制角度看，要維持香港治安，當然是香港警隊的責任。但目前情勢是美國不斷加碼，一旦貿易談判失利而轉對香港升溫，中央要處理的問題就是要對付美國，而採用的手段，可以預期同樣會升級。

（原刊於 2019 年 9 月 3 日《明報》）

暴力對抗愈演愈烈
特區政府避戰且退

香港因反對修訂《逃犯條例》而出現的暴力對抗進入第七周，最新的發展是攻擊目標轉移到中聯辦。目的十分明顯，挑戰更高的權力機關，測試政府底線。但種種跡象表明，特區政府沒有因應暴徒暴力升級而準備採取解決問題的決心。有一種意見認為，現在還沒有看清幕後黑手部署的走勢，所以呼籲要處變不驚，讓特區政府扛過去後，才施展新的治港方略。暴徒的「大台」真的捉摸不定嗎？

暴力對抗的焦點已經脫離反對修例，經過六星期的演練，手法與手段雖然有變化，但從層層推進和遍地開花的演進，運用得宜，有理有節，看得出是「名家」手筆。首先，白天和平示威，晚上暴力衝擊，已經成為套路。參與白天示威的，確實有很多是對政府施政不滿的普通市民。他們希望向政府施壓，直面貧富不均、地產霸權、年輕人缺乏上流機會等訴求，而且是在和平氣氛中進行。組織者也極力表現出是在法治的前提下組織遊行；對於警方要求改變遊行的終點，也以法治的手段上訴一番。

白天的法治　掩蓋不了入夜的暴力

在白天示威結束後，組織者宣佈「自由活動」開始，黑衣人魚貫上場。他們有源源不斷的裝備供應，中間不時會有人高喊一

個指向目標的口號，然後所有人有序地行進。暴徒在跟警察對陣時，以鐵通敲打自製盾牌叫囂，這是全世界警察在即將採取行動前警告示威者的常用手法，現在發出警告的竟然是暴徒一方。以暴力對抗法治，是非黑白之被顛倒，無以復加。

遍地開花是「大台」精心設計的策略，原來是每星期以不同議題分區進行；最新發展是，以港島為主會場和以元朗為分會場同時出現。遍地開花還出現多樣化的形式，類似內地文革期間出現大鳴大放大字報的「連儂牆」，有意見認為這是讓市民宣洩不滿的「出氣筒」，他們在心理上得到紓緩，就不會訴諸暴力。是耶非耶，有待論證。但客觀的後果是各區淪陷，反對這種做法的市民，每天走過上下班的必經之路時，只能向惡勢力低頭。長此以往，抬起頭來做人的勇氣也會被消滅殆盡。

暴徒揚言要進擊元朗，元朗地區人士高調應戰，咀仗早在網上打響。但警方等到流血事件發生後，999 中心接到市民報案，才派警車到場看看，發現需要增援才能處理。究竟是警方根本沒有部門負責蒐集情報，意圖是讓市民「懷念」1997 年之前的政治部，還是採用港英警察對付黑社會的慣用手法，等兩幫人打完才出手？警方在元朗不設防，暴徒下周就會挑選地區勢力單薄的地方再試。特區政府進一步顯示沒有管治的決心和能力，將來要挽回局面，需要付出的代價是雙倍的。這樣賭一把，特區政府的賭注有多大，實在成疑。

暴力對抗的另一個新情況是，暴力升級與偏離法治軌道的走向愈趨明顯。警方搜出兩公斤烈性炸藥、燃燒彈等恐怖主義分子慣用的武器；三名疑犯，分屬「香港獨立聯盟」和「香港民族陣線」

兩個港獨組織。這是一個十分危險的信號，一是製造炸彈的疑犯接受過甚麼樣的專業訓練？是國際恐怖分子培訓，還是對付恐怖分子的外國政府專家培訓？兩個港獨組織合流，是「大台」的指令，還是烏合之眾的自發行為？如果香港沒有情報部門，且無力去偵查，在香港對付恐怖活動的責任，由誰來負責？港英年代，來自大陸的特工查出觀塘物華街有國民黨特務的軍火庫，把情報交給警方去搗毀。在特區年代，是否也可以蕭規曹隨？

特區政府連譴責暴徒都表現溫和

　　暴力升級，挑釁也升級，但特區政府繼續「克制」。特首林鄭月娥被指凌晨 4 時開記者會是故意為新聞自由製造障礙之後，就避見記者；警務處長盧偉聰多次聲言要追究到底但仍未見行動，就乾脆龜縮。在對手追打的情況下，特區政府避戰且退。現在人家挑戰特區政府捍衛國家安全責任的時候來了，特區政府就此發表的聲明，對於那些塗污國徽、公然挑戰國家主權的人，只是稱他們是「偏離遊行路線」的「部分激進示威者」，連「暴徒」都不敢說，真不知道還能退讓的牆角有多深。特區政府是否要將維持香港穩定的責任推給解放軍？若然，豈不是陷中央政府於不義？

　　特區政府缺乏擔當的勇氣與能力，不但會壯大惡勢力的氣焰和勢頭，眼看暴力橫行而無法制止，市民驚慌失措，有能力的走資移民他鄉，沒有能力移民的作何想？在缺乏權威的情況下，謠言滿天飛，普通市民無法辨別，就只能相信最壞的消息，整個社會就會沉淪。

有一種意見認為，香港目前發生的事情，是在中美博弈當中的其中一面。中美貿易戰的前景尚且無法預測，香港暴力對抗的未來趨勢更無跡可循。中美博弈確實是國際政治中重要的一個轉折點，不設防的香港只能被動應對，但這並不妨礙特區政府履行一個政府應有的起碼責任。維持社會安寧和顯示政府威信，最基本的責任都做不好，將來無論是誰撐您，也都是扶不上牆的爛泥而已。

（原刊於 2019 年 7 月 23 日《明報》）

美國朝野評論香港問題的
司馬昭之心

　　香港連番的大規模抗議行動，很多事情需要檢討，但爭論卻陷於缺乏事實根據的情緒發洩。外國勢力對事態發展究竟有何影響？有何根據？美國朝野這次罕有地高調走上前台，令人瞠目，更加引人疑竇的是示威組織者對美國言論的配合。給人的印象是，反對派跟美國政府沆瀣一氣，在中美兩國領導人會晤前夕，組織 6‧26 集會，目的是為了充當美國攻擊中國的馬前卒。

　　美國朝野可以從幾個層面分析——政府、國會、政界要人和媒體。媒體表現是最難討論的一個環節，因為何謂客觀，都會受到文化、政經和市場的因素影響。但有一個視覺問題值得指出：記者跟在抗議者背後拍的照片和視頻，所採用的角度，焦點都是警察在「鎮壓」示威者。反之，如果跟在警察後面拍攝，都會看到示威者向警察扔磚頭和削尖的鐵棍。究竟美國媒體呈現的新聞，是否有特定預設的角度，應由傳媒學者用科學的研究方法探討。

　　美國政府是否參與策劃、組織和指揮這次抗議活動，只有極高層的官員才能知道，外間只能憑蛛絲馬跡來判斷，這次看總統特朗普高調發聲就顯而易見。在 6‧12 示威集會發生幾個小時之後，特朗普在香港時間 13 日零時 11 分，在白宮回應記者提問時說：「我知道有 100 萬人參與遊行，而且我知道他們為甚麼遊

行。」他在短時間內已經聽到下屬匯報這件事，起碼說明整個美國政府對此十分認真緊張，並且為總統在回答問題時準備了應對的答案。

美國政府對香港的事態發展緣何如此緊張，先不做判斷，但國務院早就發表過關於香港修例的立場，到了 6 月 9 日遊行之後，國務院發言人沒有直接評價遊行，只是重申了原來的嚴重關切立場。但十分奇怪的一個回應，不得不注意：發言人奧特加斯主動提出：「上個月，國務卿會晤了香港民主派領袖代表團，討論了他們對引渡提案的廣泛保留意見（broad reservations about the extradition proposal）。」

香港建制派一直說美國政府對遊行火上澆油，這裏或許是佐證。國務院發言人沒有直接評論遊行，卻提出香港民主派領袖跟蓬佩奧會面，十分明顯的是在肯定香港民主派領袖的地位；其實還在說，美國政府的立場，就是香港民主派領袖對修例的「廣泛保留意見」，美國政府在此刻特意提到這一點，就是給遊行人士打氣，支持他們繼續「保留意見」。如果這是需要解讀的外交辭令，特朗普的直白，就沒有歧義了。

特朗普在回應有關遊行人數問題時表示，很多時候遊行組織者都會誇大，比如說 2,000 人，實則只有 1,000 或者 200 人，但這次（香港）「他們說有 100 萬，那就真的有 100 萬」。特朗普為何特別相信「他們（香港遊行組織者）」？是特朗普式的慣常誇大？還是下屬匯報「他們」是美國政府的「馬仔」？

在 6‧12 示威集會之後，雖然發生了暴力衝突，但美國國務院發言人首先肯定的是，香港的示威者是「在香港舉行和平

抗議，這當然令人感動」，及後更加直接地說：「我認為我們在這裏一直是相當直截了當和透明地表示支持這些和平的抗議者。（I think that we have been pretty straight forward and transparent from this podium on our support for these peaceful protestors.)」不用說，美國政府是在給香港的示威者撐腰，無論他們所採取的手段是否合法和合情理。

至於美國國會提出《香港人權與民主法案》議案，這是兩黨共識，需要時間協調和中間斡旋，但不遲不早，就在 6 月 13 日提交。國會的意見，是否能夠通過，還要拭目觀之。但可以看出，對待香港問題，是朝野一致意見，並且得到有默契的協調部署。這些動作是否為了眼前的政治，即跟中美貿易戰有關，有待觀察。如果在習近平與特朗普會面後，所有這些動作都偃旗息鼓，那就證明這些都是短期的政治操作。

然而，有一個值得關注的方面，就是政界要員的評論。比如美國前駐華大使溫斯頓‧洛德（Winston Lord），他對美中關係的來龍去脈瞭如指掌，即使退休多時，可能仍然能夠接觸到機密文件；或者以他的經驗和洞察力，對時局的判斷值得參考。他在香港發生連串遊行後表示，如果北京下令鎮壓示威，「會威脅到香港作為金融和經濟中心的地位」。這個說法，可以解讀為：美國已經關注到香港的金融中心地位。至於美國何時以及如何玩這張牌，值得關注。

另一名資深人物，是香港十分熟悉的孔傑榮（Jerome Cohen），他在中國內地和香港都待過，回到美國後，出任紐約大學法學院資深教授，仍然關注香港的事情。他說，香港出現困難

的局面，對新加坡有利，台灣也會從中得益。

　　美國的意圖，司馬昭之心；香港市民如何自處，必須認清事實。中國外交部三番四次抗議美國干涉內政，香港示威的組織者視而不見。七一遊行可能已經成為香港的「風土病」，但在修例已經停止後，卻要在 6．26 組織遊行，目的是甚麼呢？是要讓特朗普在見到習近平的時候調侃地說：「看，又來 100 萬。」但如果中美談判順利進行，矛盾暫時消退，曾經參與遊行的都會被出賣，到時再幡然醒悟，已經太遲。

（原刊於 2019 年 6 月 25 日《明報》）

今日港獨不回頭
明日香港更大鑊

　　被 DQ（取消資格）的劉小麗舉行集會，會場上的大標語是「今日低頭 明日大鑊」。另一邊廂，特首林鄭月娥被問到年輕人表達過支持港獨該如何「洗底」（大意），林鄭舉例回答說加入政府工作，顯然並非典型例子，但意思是要真心悔改。其實，曾經受到港獨思潮影響或者參與過一些行動的年輕人，最需要的是回頭，用知識去認清現實。如果執迷不悟、鑽牛角尖，形成偏執的心態，這輩子都會活在不愉快中，對個人和社會都是悲劇。

　　「低頭」有兩個含義，一是認錯，二是屈服。認錯是主動的，屈服是被動而且往往是被重重打擊後不得不接受的。明目張膽在鼓吹港獨的分子，當然不會屈服，因為被打擊得還不夠重，喪失參選資格還可以舉行集會，掉兩滴眼淚鳴冤叫屈而獲得全場鼓掌。陳浩天被通知其所組織的政黨要被取締，還可以有時間解釋，還可以申請一再延期，還可以到處控訴被政府打壓。

　　對港獨分子的打擊夠不夠狠，還可以如何重槌出擊，已有很多論述與主張，這裏不贅；正在討論的是如何認錯。劉小麗認為被曲解，她說她已經表示過不贊成港獨。選舉主任不相信，列舉了很多證據。官司如何打下去，拭目以待。但主張過港獨並付諸行動，之後如何悔過，的確是一個大問題。

　　對於參選資格，的確應該有比平常人更高的政治要求。但要

區別不同的情況，一般有過某種想法，甚至參加過某個場合的集會，後來放棄了這種想法，以後不去這種集會，也就毋須追究。個人改變了認識、有了新的行動指針，也就過去了。佔中期間，有些人去過金鐘坐了一天半天的，後來就不去了。但那些曾經極力主張、在大學民主牆貼標語、在刊物上發表文章，程度要深入一些，悔過的表現也就要求高一些，最好是發表一些改弦更張的文章，公開宣佈放棄過去的想法，就等於跟過去的想法舉行告別儀式，這種儀式的重要性是徹悟的告白。至於有組黨結社、在集會中帶頭喊口號的，就需要用更具體的行動來表達悔意。如果缺乏這個勇氣，純粹是由於外力太強大而被屈服，日後伺機捲土重來的機會很大。

要這麼大一批人如何悔過認錯

用行動來表示悔意，是為人為己的做法。改過是為了自新，也讓別人了解自己希望重新做人的意圖。口頭上表示「我錯了」，行動上卻是猶抱琵琶半遮面，不難令人懷疑其誠意。劉小麗為甚麼就不能準確無誤地說反對港獨呢？這就不能避免人家「曲解」她是為了遮掩其真實的港獨意圖。

認錯是重要的。這麼大一批人如何悔過認錯，確實是一個龐大的社會工程。政府與社會都應該認真考慮，如何引導他們認識錯誤、給他們提供機會改過自新，這個社會才能朝着健康的方向繼續前走。否則，一大批人糾纏過去，往後又活得不高興，他們會用別的方式表達不滿，這才是問題。

更大的問題是：那些既不認錯，也不低頭的，怎麼辦？這些

人當然不能參選，甚至能否當公務員和教師，也要認真識別。林鄭月娥建議他們當幾年公務員以表示悔過，可能是衝口而出，也可能是指那些港獨思想很微和參與程度很低的年輕人。至於那些「搞事分子」，怎麼可以當公務員呢？還嫌目前公務員隊伍中的「黃絲」不夠多嗎？

這些「搞事分子」不但不會悔過認錯，在外部壓力愈來愈大的情況下，他們還會有意無意地將自己變成受害者，妄想自己被打壓，甚至不知天高地厚地認為自己生活在水深火熱中，將社會大眾反對他們的做法形容為「白色恐怖」——是否構成妄想迫害症，留待心理學家判斷，但他們確實是表現偏執了。

偏執的人聽不進任何不同的意見，認為其他人都錯了，或者認為眾人皆醉我獨醒，具體表現就是在政治問題上豁出去。在大學應該學會自我管理，管理好表達意見的渠道，確保各種言論是合法合理，不同意見可以討論，而不是用人身攻擊的方式去羞辱跟自己政見不一樣的人。教育大學的民主牆出現「恭喜喪子」、浸會大學學生不滿普通話考試的安排，是否合理不說，但做法是「禁錮」老師、用粗言穢語辱罵老師。類似的做法在理工大學重演，年紀輕輕就偏執成這樣，實在令人惋惜。

更有甚者，是表現出激烈的港獨行動，寫信給美國總統要求美國制裁香港；日前又出現幾十人去美國總領事館門前遊行，要求 "Free Hong Kong"，準確的翻譯應該是「解放香港」，他們真的認為香港需要解放嗎？而且是可以由美國來「解放香港」嗎？

要這些已經豁出去的死硬分子改過自新，很難。但奉勸兩句：一是讀些歷史書，看看事情的由來和發展規律、看看香港的

前世今生、看看香港與國家的命運如何被綁在一起，想法就不會
那麼天馬行空了；二是，不低頭可以，但要回頭，回頭用開放的
態度看清現實，回頭以包容的心態看看別人的想法，不要等到撞
了南牆才回頭。

（原刊於 2018 年 10 月 16 日《明報》）

混戰結果的政黨因素

　　這場立法會補選從成因到過程以至結果都是一場混帳，但都一致地使用一個形容詞——「對決」。可是，是誰跟誰對決呢？是港獨跟反港獨對決？是反對派跟建制派對決？反對派是不會承認自己跟港獨的聯繫。在找出結論以前，本文嘗試討論政黨因素在這場補選中的作用。

　　補選源於有港獨派當選議員被 DQ（取消資格）。他們或其代表要捲土重來，建制派理所當然要堵截。但姚松炎成為反對派直選中唯一敗北的候選人，由於得票相當接近，難以判斷這是由於選民對港獨斷然說不。無論補選的成因如何，肯定是一場反對派與建制派兩方陣營的較量，因為每一個選區只有一個席位，必然是兩大陣營協調出各自的候選人對壘。

港獨太敏感　人人避諱

　　反對派與建制派競選，過往都會加入一些民生因素，因為相當一部分市民厭惡政治，或者非常務實，不管黑貓白貓，只要能夠為民生「有心有力」，就會把選票投給誰。這場選舉也不例外，姚松炎的宣傳單張，首要提出增加醫療開支、增設社區牙科；鄭泳舜在各種宣傳中，強調其在選區內為民生所做的「政績」。然而，不管候選人是否宣之於口，其宣傳品都有所指：陳家珮說這是「激進與理性的對決」，實質是暗指港獨與反港獨；區諾軒的

「香港人心不死」，當然也不止於講民主。選民也心照不宣，只用選票來表明心跡。

港獨實在太敏感，比老虎屁股更不好去隨便摸，因為玩不好會身敗名裂，或者喪失政治前途。就連新一屆特區政府也故意低調，據說此舉可以減低社會撕裂的程度。所以這次補選，反對派不敢明目張膽承認港獨，即使暗渡陳倉也在「本土」前面加一個修飾詞。建制派不知是否故意，陳家珮認為這是一場「誠信與姦詐的對決」，而不明言區諾軒在搞港獨，是為了避免激化社會矛盾。但港獨思潮和組織的出現和蔓延，不是誰的主觀意願就會消除的。

在民生和港獨元素都不明顯的情況下，這一場選舉的政黨因素就更形重要。由於補選形同單議席單票制，候選人必須有反對派或者建制派的「背書」，否則就有「踢票」之嫌，或者是想渾水摸魚。但即使是有政黨支持，如何調動資源協助才能達到增加政黨效應，是一門艱深的學問。

宣傳品排名　各有玄機

綜觀這場補選競爭最激烈的兩個例子，「鄭姚決」與「陳區決」，四個候選人的宣傳品有大同小異之處，也有細微的變化。建制派的鄭泳舜和陳家珮都將支持政黨的名單直接寫在宣傳品上，但排名各異。鄭泳舜的依次是民建聯、工聯會、經民聯、西九新動力和新民黨。這種排名，十分確定就是支持力度的輕重先後分野。陳家珮的依次是民建聯、新民黨和工聯會，其所屬的新民黨不是放在首位，可以理解為在港島區，民建聯的叫座力比新

民黨還要強大。

姚松炎在宣傳品上沒有列明支持政黨名單，但有李柱銘、黃之鋒、余若薇、梁國雄等反對派頭面人物的「背書」。而區諾軒不但有這些相若人物的「背書」，還寫着政黨名單，依次為香港眾志、民主黨、公民黨、社民連、小麗民主教室、朱凱迪、職工盟和工黨。這究竟是想顯示香港眾志能夠給區諾軒的支持力度最大，其餘政黨依上述順序次之，抑或是區諾軒的仗義執言，則未見明言。

宣傳品上的政黨列明與排名，在客觀上和候選人主觀上想達到甚麼效果，還要看實際行動。外界對於選民的投票意向，只能根據各種蛛絲馬跡推測與估算，而且還要等到選舉事務處公佈各個票站的投票細節才能分析。另一個可以提供佐證的是，甚麼人出來為候選人站台。

鄭泳舜在選區內，無論掛的宣傳品和站台的人，幾乎都是民建聯的人，某些地區也能看到工聯會的人，但其他政黨則鮮見。在街站播放的宣傳錄音，多半是民建聯的名人，也有其他友好政黨的名人。陳家珮所屬的新民黨，地區力量不足，即使從全港其他地區調配人手到港島，還是杯水車薪。反而是友好政黨所給的支持幫助更大，可能是由於新民黨傾巢而出到南區護航，整個北角看到為陳家珮派傳單的都是福建同鄉會的人；東區一些屋邨也看到民建聯和工聯會的街站；太古城是新民黨的根據地之一，選舉當天下午街市門口，只見兩名少數族裔站街。

姚松炎沒有政黨背景，很多政黨為其擺街站，在選舉日當然是為他拉票無疑，但也有藉此為政黨本身在該地區鞏固或者開發

力量而為之。區諾軒情況更複雜，道義上將香港眾志排頭位，卻遭本土派聲言以「焦土政策」抵制；雖是民主黨舊部，但民主黨是否全力支持也難以逆料，選舉日在太古城確實見到有民主黨人站街。

政黨對不同候選人的支持力度不一，是候選人本身對各政黨的友好程度不一，以及反對派和建制派內部的合作程度，需要細緻的分析，上面只是一些極個別與表面的觀察。但有一點可以肯定：鄭泳舜在民建聯的根基深厚，以民建聯名義在地區深耕時間長久，在反對派與建制派基本盤沒有根本地逆轉之前，險勝強勁對手姚松炎，唯一可以肯定的因素是其所屬政黨的效應十分明顯。

（原刊於 2018 年 3 月 13 日《明報》）

後續：記者參加政黨

　　我寫的多半是評論，但有時也會基於採訪獲得第一手現場觀察材料，既述帶評，前面這篇是一個實例。評論員寫關於政黨的政論文章，即使評論員有政黨背景，不會引起很大的爭議，因為讀者對於評論文章，會意識到文章的觀點帶有主觀成分。而記者或者編輯參加政黨，之所以有爭論，是因為讀者會假設新聞報道是客觀，新聞從業員的政黨屬性或許會影響其處理稿件的專業準則。其實，爭議的焦點在於是否專業而非是否參加政黨。

　　我被「發現」是民建聯成員，還上過新聞。當年政黨會員身份資料需要公開，記者去查資料，「赫然」發現會員名單中有我的名字，還去找《明報》老總張健波回應。其實，我是民建聯成員的身份，早在加入《明報》時已經告訴張健波，我被指派審核論壇版版面，也將這個身份告訴該版編輯，甚至在處理某個作者的文章時，也告訴編輯我跟該作者的親戚關係。新聞工作是團隊作業，層層把關，並非由一個人說了算。團隊成員都會按專業準則去處理新聞，在處理過程中某一道關如果有偏私行為，都會被團隊其他成員察覺，透明度十分高。我在《明報》審稿與寫稿多年，還沒有試過被質疑有偏私做法。

　　新聞從業員也是公民，公民有參加政黨的權利，兩者

在大多數情況下並不矛盾，比如體育記者有政黨背景，跟其報道內容毫不相干，是否申報政黨屬性，未必需要有嚴格要求。同理，報道財經新聞的記者擁有某企業的股票，在報道與該企業或者該企業從事行業有關的新聞，應該申報利益，十分正常。這個申報制度，不但是要防範利益衝突對新聞報道所帶來的潛在矛盾，既要為新聞團隊所知悉，而且還要讓受眾認同這個申報制度是公義和公平的（seen to be done）。新聞從業員參與政黨，如果申報利益，即使在報道與政黨有關的新聞，團隊其他成員在共同完成新聞報道中避免偏私行為，問題是不大的。但如何做到被受眾認為是公義和公正，就比較難，所以，外國一些比較嚴謹的媒體，對此的要求是，報道政黨新聞的記者，除了申報利益，不要在穿戴或者標識上，有傾向於某政黨或者某種意識形態的標誌。

香港記者參與政黨的例子，就我所知，確實不多，但在意識形態或者政見上傾向某政黨的，近年有增加的趨勢，他們的具體表現有形之於外的，比如在六四那一天穿有標語的T-shirt上班，或者經常穿黑色衣服以表達某種政見，最極端的例子是，記者參加完某個帶政見的示威遊行，然後回到報社以記者身份寫稿。他們真正的意圖，或者在報道新聞時是否也會形之於外，很難察覺，但起碼在外表以及在記者會提問時的視角，已經將他們的政見表露無遺。

新聞從業員公開申報利益，是光明磊落的做法，蠅營狗苟的雖可憐但也難以苛責，那些打著公義公正的口號，以客觀報道面目示人，卻以鬼魅伎倆幹那些暗度陳倉事情的記者，最為可恨。

政治問題政治解決

　　2018 年又將是充滿政治對抗的一年，儘管這是破壞新年祥和氣氛的話，但這是現實。「一地兩檢」走完第二步，所引起的爭議反而加劇，目前社會上就法律條文問題喋喋不休，但大家都十分清楚，修建高鐵香港段及其觸發的一地兩檢問題是政治問題，只不過大家都不想把話挑明而已。如果無休止爭論下去，到頭來要人大釋法，最終還不是要政治解決嗎？

香港要開始考慮承認內地法系？

　　一地兩檢的法律根據究竟是《基本法》第 18 條還是第 20 條，乃至全國人大常委會的決定是否具有法律依據，法律專家可以各自拿出理據，但香港法律究竟是永遠按照傳統的普通法一成不變，還是要開始考慮承認內地所採用的另一法律體系？《基本法》的通過及解釋權等，都是以內地採用的大陸法體系作為依據。如果否認一地兩檢由人大常委以「決定」形式通過的法理基礎，那麼《基本法》以同一方式通過並實施也缺乏法理基礎嗎？這當然是政治問題，沒有人會提出香港一夜之間要改變整套法律體系，但也不能不考慮香港的母體所採用的法律體系，是香港作為行政特區實行一國兩制的法理基礎。承認不承認這個事實，是政治問題，不是法律問題。難道承認大陸法的法律體系就是「禮崩樂壞」嗎？

　　如果有既定程序，一切蕭規曹隨，就不會對解決問題的方式方法有爭議。香港跟內地實施兩套法律體系，內地人員要在另一

個法區執法，就形成分歧。但一國兩制的安排是政治問題，如果還死扣法律體系的思維，是死胡同，永遠得不到圓滿解決辦法。現在中央政府的做法既尊重法律的需要，也為解決問題找到出路，否則高鐵就不能通香港。

中央政府與香港是授權與被授權關係，授權多少由中央政府決定，整個香港都是屬於中國的；在香港範圍內挖一小塊實施內地法律，也是授權的問題。律政司長袁國強說中央將香港交給特區政府，現在發覺不夠地方用，拿回一小塊來用，這個比喻當然不能說服香港的法律學者。為甚麼不直截了當說需要政治決定來解決呢？另一個可能是更加不恰當的比喻是，九龍寨城的解決辦法。租借新界的條約列明，清政府可以在九龍寨城駐軍和實施中國法律，但一直到民國政府和新中國都沒有得到有效執行，導致九龍寨城成為「三不管」地帶。直到 1984 年簽訂《中英聯合聲明》後，中英雙方達成協議，在回歸前拆除九龍寨城。這也是政治問題政治解決，當時對於中英雙方都沒有履行租借條約的條款，只用政治決定來解決。香港沒有人抗議，也沒有人司法覆核。

現在不能「馬後炮」說九龍寨城在回歸前沒有解決會有甚麼後果，但要試想，如果西九高鐵香港站因為法律爭議未能解決，中國內地邊檢和海關未能在站內執法，「後佔中」分子佔領內地執法區，特區政府又不敢清場，香港本地與國際通緝犯乘虛進入製毒販毒，九龍寨城翻版在回歸後重演，形成一個新的「三不管」地帶，到時候還會有人反對用政治解決問題嗎？這當然是危言聳聽，但如果以負面形式顯示一國兩制的政治安排，將會立下一個很壞的先例。

大橋鐵路目標是心相通

實施一地兩檢才能使高鐵產生經濟效益的道理，早就以經濟角度和實際角度說清楚。但正本清源，修建高鐵香港段以至港珠澳大橋，都是政治問題。港珠澳大橋本來是由商人提出，如果在上世紀 90 年代修建，也會有商人投資興建；但大橋的經濟效益隨着其他因素的變化而減退，蹉跎歲月後只能由中央政府、廣東省政府和港澳兩地特區政府出資修建，日後如何維持日常營運支出都可能成問題，收回成本或許是不可能的事情。高鐵的經濟帳如何算，還要專家去深入分析。然而大橋與高鐵是政治橋和政治鐵路，目標是要達到讓香港市民跟祖國同胞，以路相通、橋相通而達到心相通，讓香港市民在坐高速穩定的鐵路到內地的錦繡河山旅遊，體現香港跟內地只是咫尺之遙；在坐車通過港珠澳大橋的幾十分鐘，體現祖國科技之進步。心理作用遠大於經濟價值，所以政府出資修建，不惜興師動眾，由全國人大開會形成決定、要香港立法會本地立法通過。反對派不敢明言他們所反對的，就是香港同胞與內地同胞心相通。

32 年前開始起草《基本法》時候，就訂下一個「宜粗不宜細」的原則，現在的解釋是當時沒有想到會建高鐵，實則要為靈活執行留下空間。相信在未來 30 年，香港還會出現更多以前沒有想到的問題，也會帶來法律爭議。但如果香港的袞袞諸公不能以開創思維來執行《基本法》、不能體味一國兩制的精妙之處，堅持所謂的香港核心價值，那麼到了 2047 年或更早的時候，內地 10 幾億同胞就會呼籲，乾脆取消一國兩制。到時候香港的法律專家才會幡然醒悟，要求堅持一國兩制，可能就會為時已晚了。

（原刊於 2018 年 1 月 2 日《明報》）

哪兒來的不共戴天之仇

中文大學學生會前會長周竪峰在跟內地生爭辯的時候，短短幾分鐘，用了多次「支那人」來稱呼對方，加上髒話突顯其激烈之情緒，只能用四個字來形容周竪峰對內地人的態度——「不共戴天」。問題是要搞清楚這種情仇的來源，才能對症下藥。

香港有反共的傳統。上一代的人口結構中，來自內地的佔多數，他們都是主動逃避共產黨執政，或者被動放逐到香港。主動逃離的是國民黨軍政人員，他們曾經打擊共產黨人，手上沾血；資本家則害怕「被共產」而來到資本受保護的香港；還有就是從意識形態上反對或者不滿共產黨的文化人。後來被動放逐的，有大饑荒期間逃難而來的，也有因為父母在土改或者三反五反運動中受到批判而來的。這些人仇恨共產黨，可以解釋。

現在 20 來歲的孩子，連文革的邊都沾不上，對共產黨的歷史也不甚了了，怎麼就會形成這種跟殺父之仇一般的情緒呢？現在社會上有一股對大學的壓力，要求大學嚴格管教學生，這是可以理解的。但這些比港獨還要激烈的思想，是他們進大學前已經形成的，那麼是中學老師的責任嗎？學校未必同意這種指摘，因為政治制度，甚至是比例代表制的選舉制度，都有可能令年輕人對中央政府不滿。當然更容易的一種解釋是年輕人買不到房子，或者缺乏上流機會。

特區政府的首腦，以及中央政府的決策者，必須承認「港獨」不僅僅是一種思潮，而是一個有深刻根源、有結構矛盾、有誤解

的土壤和氣氛，也有外國政府和本地「假洋鬼子」的煽動與蠱惑。如果不承認問題的嚴重性，又或者把問題指向單一因素，從單向中找「獨步單方」，則會是「頭痛醫頭」的方法。到頭來不但不能把問題徹底解決，反而會產生一代又一代的「新港獨」。這不是危言聳聽。

（原刊於 2017 年 9 月 13 日《明報》）

一個政黨的淪落

民主黨曾經是受人尊重的政黨，而今淪落。林子健充滿疑點開記者招待會，有元老級黨員為其「背書」，後經警方調查，以涉報假案罪名將其拘捕，同黨繼續包庇。無論動機為何，這個政黨的公信力已經蕩然無存。今後如何立足，也就不難想像了。

民主黨在回歸後能夠拿出一份另類施政報告，足以說明該黨用心做政策研究，有心有力；關於 2012 年政制改革，民主黨獨排泛民眾議，毅然投贊成票，足以證明這個政黨勇於承擔歷史責任，值得社會的尊重。及後該黨立場進退失據，再後來全面倒向反對中央政府和特區政府，令人惋惜。

林子健告知民主黨高層，聲稱被內地機關人員擄劫並施以「釘刑」，在常人以普通知識都能指出其疑竇重重，民主黨的大狀、大老卻不惜賠上個人與政黨的聲譽為其「背書」。是耶非耶，留待社會判斷。但一名黨友傷痕纍纍，政黨的高層不是先帶他去求醫，而是讓他忍痛示眾，一點憐憫之心都沒有，還好意思跟選民說他關心勞苦大眾嗎？

林子健疑向警方虛稱在鬧市被綁架，其動機先不說，但一個政黨在研判基本事實的根據是甚麼呢？李柱銘在回答問題時說，看到他的傷痕難道能不相信嗎？但民主黨的大老，對這個人的往績是瞭如指掌的，他曾經在黨內為元老派系到少壯派系做「臥底」，也曾牽涉幾名年輕人到超市鬧騰，起碼可以說明這個人是不循政黨正途去參選上位，其責任感就足以令人不信任。

從林子健的所作所為，看到民主黨黨內的烏煙瘴氣和紀律不嚴。林子健否認了為選票而胡作非為，但民主黨呢？是否為了選票，逮到一個「能夠證明內地部門違反香港法律」的例子，就不去核實求證，不分青紅皂白去急急忙忙開記者招待會「邀功」？這個政黨今後所得的選票，將會證明他們是錯的。

（原刊於 2017 年 8 月 16 日《明報》）

香港選戰首見港獨變數

9月香港立法會選舉將史無前例逼近政治核心議題，政府與港獨分子參選人現在已展開政治角力。

任何選舉都是政治角力，香港的選舉毫不例外，但過去的各級選舉都盡量避開政治議題，越低級的選舉（區議會）偏離政治越遠，這本來就是香港的政治現實，無可厚非，但9月這一次立法會選舉將是史無前例的逼近政治核心議題，參選人有意與無意間都要介入。過去經過政治洗禮的選舉後，政客與社會都會回歸民生議題，這次堅壁清野的選舉過後，香港社會將如何發展，確實令人擔憂。

選舉是每幾年舉行一次的政治洗牌，是過去幾年社會各種變化的集中反映。自從上屆立法會與特首選舉之後，香港經歷了佔中和旺角暴亂，其頭面人物本來會在這次立法會選舉中登場，但由於這兩宗嚴重政治事件的影響深遠，打破歷來可以在立法會選舉中避開政治議題的慣例，使得在選舉正式開始前，先來一場特區政府與部分參選人的政治角力大戰。

回歸前後，立法會議員究竟應該向特區效忠還是向國家效忠，向《基本法》效忠還是向中國憲法效忠，成為一場不大不小的政治辯論，但正如其他議題的辯論一樣，在中央與香港社會刻意迴避政治核心議題的大前提下，大家願意接受一個模糊的概念。然而，特區全稱是中華人民共和國特別行政區，《基本法》是根據憲法而產生的專屬法律。香港立法會議員的就職誓詞就好

像戀人的誓言，月亮代表我的心，而月亮從來只有一半在發亮，另一半長期處於暗裏，有些政黨以及立法會議員信誓旦旦效忠特區，效忠《基本法》，也只是在說月亮明的一面，暗藏禍心於暗的一面。明眼人早也看穿，大家心照不宣。

港獨分子借參選攪局

其實，效忠特區的前提是效忠中華人民共和國，效忠《基本法》的前提是效忠憲法。而今，港獨分子把話挑明，聲明不願意效忠中華人民共和國，反對《基本法》；或者自相矛盾地「擁護」《基本法》但要將香港變成「完整主權民主國家」，又或者明修「擁護《基本法》」的棧道，暗渡「主張香港建國」的陳倉，這些人根本就無意參選，只是借參選攪局，搞聲東擊西的遊戲，期望最大的政治收穫是在選舉過後提出呈請，宣佈選舉無效而重選；無法如願也可以收到詆毀選舉合法性的政治效果，繼續日後抗爭；即使包藏禍心的意圖被揭穿，也可以在同流合污之輩顯示出「英雄本色」。

這些明刀明槍的易擋，水來土掩的應對方法，要求參選人不但要聲明效忠《基本法》，還要挑出《基本法》的幾條條文作額外聲明，看起來是多此一舉，畢竟也是多一層保障，讓選民監督提供依據。問題是那些陽奉陰違的更需要警惕，這些人在選舉中在合法框架的界線來回穿插，出位以吸引選民但留在足以令他們合法參選的線內。這些人當選後，行所謂捍衛兩制之名，卻是破壞一國之實的舉措，這些參選人在選舉中將會如何表演，也實在是一場大戲。

這次選舉委員會不但看參選人是否願意簽署聲明，也看政綱是否符合聲明內容；不但看文字表述，還看實質行動，如果確實違反選舉條例的有關規定，不惜冒天下之大不韙，宣佈選舉提名無效。既然過去刻意迴避政治核心議題的做法沒有得到預期的效果，那就只好揭開底牌，意在傳遞一個明明白白的信號，香港不接受獨立主張，宣揚這些主張的人士將在香港無立錐之地。這些被宣佈提名無效的參選人本來獲選的機會甚微，說要阻止他們進入議事殿堂的效果不明顯，實質是要警告其他的參選人，立法會不應有灰色地帶，走鋼絲的人會摔得很慘。

雖然提名無效的參選人或許還會增加，但也不可能徹底杜絕港獨分子，這些在一國兩制立場上半明不暗的參選人，他們在選舉中將會如何表現？特區政府在過去幾年努力改善的地方，諸如增加土地供應以及建屋量，顯然不會成為議題，因為反對派當然不想提起，建制派雖然未敢忘記，但也不會主動提出避免成為「涼粉」（特首梁振英的粉絲）之嫌。一些本來應該深入討論的民生議題，諸如退休保障、醫療和教育等等，因為選舉辯論的形式，只要有人提出是否支持梁振英連任、篩選參選人是否破壞一國兩制等等政治議題，一切民生議題都會淪為次要，在媒體報道中肯定會被淹沒。

幾年一度的選舉本是理性討論，認真總結過去幾年得失，為重新上路選擇代言人和路向的機會。然而在躁動的香港，圖一時之快的社交媒體充斥，使得任何討論，結果都會是急於形成的簡單結論。參選人故意或被迫聲嘶力竭地喊口號，結果是需要討論的民生問題被輕輕帶過，值得討論的政治議題又將成為浮光掠影

般被情緒化。

這次立法會選舉的過程，高調宣揚港獨的參選人被踢走，中調、低調的港獨分子也只能嗡嗡叫，選舉回到香港政治生態的基本盤，建制和反對派繼續勢均力敵。值得擔憂的是反對派陣營中的變化，當中傾向激烈的部分驟然增加，客觀後果是建制派也會「走向極端」。那麼，這場選舉在過於政治化的影響下，只會是一場導致加劇分化的選舉，而未能趁此機會聽取民意對民生議題的看法，即使政治核心議題被帶出，但也只會是情緒化的口水戰，而未能實質探討我們需要如何落實一國兩制。

（原刊於 2016 年 8 月 14 日《亞洲週刊》）

細讀港獨檄文對港大學生失望

　　港大學生刊物《學苑》發出港獨檄文，怎麼聲討都不過分；但細看全文，發現這些學生也並非無知之輩，他們具有歷史觀、民主觀、大局觀、法治觀，只不過角度有所偏差。如果能夠糾正，將來是英雄還是狗熊也說不定。

歷史看國家積弱才導致國土淪喪

　　先看看他們的歷史觀，在〈我們的二零四七〉一文中，他們一開始就要從歷史的剪影，尋找香港的前世今生，還認真看了中華人民共和國加入聯合國後馬上要求把香港剔除出殖民地名單。年輕人往往缺乏從歷史角度看待問題，《學苑》諸君能有這樣的視野，確實不同。然而，為甚麼就不可以回望更遠的過去，想想香港之所以成為殖民地是因為國家積弱才導致國土淪喪，看看今天國家強大才可以保衛疆土，在香港前途的問題上，英國人最初不願跟北京談判，最後還是坐到談判桌上，而且還接受了以中國承諾的條件作為《中英聯合聲明》的藍本。這是歷史的趨勢和大局，中國愈來愈強大，保衛疆土的決心和能力愈來愈大，這個趨勢和格局沒有改變。從這個歷史觀出發，這就是〈我們的二零四七〉一文中說的香港人只能「聽天由命」的天道和天意。任何想在趨勢使然和大局定格中謀求改變，都是蚍蜉撼樹，最後徒勞無功。

　　民主是全世界所有人的追求，中國人在過去 100 多年來不斷

探究民主之道，磕磕碰碰篳路藍縷，〈我們的二零四七〉一文中說，1980 年代，民主黨的前身「匯點」大力推動「民主回歸論」，押注中共將走向改革之途，香港亦會如願獲得民主。先不論回歸是否應該有條件、誰跟誰談條件，某個政團相信中共會走改革之途，相信中共改革的結果是香港也會實行民主，這一點到現在也不見得有甚麼不對。難道我們不希望中共改革嗎？難道中共改革後會不給香港民主嗎？

值得討論的是中共的改革是否必然是符合香港某些人所認為的改革方向，中國實行的民主是否符合某些香港人所認為的民主標準。這是另外一個巨大的題目，暫且按下不表。這裏討論如果這個方向與標準跟某些香港人不吻合，香港人該怎麼辦？我們是尋求共識還是「一言不合」就嚷嚷脫離關係；我們是看長線看大局，還是看一時一事，是否應該因為在某一時段發生某個歷史事件，就否定全體中國人百多年來探究民主之路的努力和嘗試，就如文中所說：動搖一顆愛國之心和對民主的盼望？

勿因一時一事動搖愛國之心

港大學生在〈我們的二零四七〉一文中表現出他們還是尊重法治的，儘管他們鼓吹香港獨立，但還沒有否定中英聯合聲明的承諾到 2047 年才屆滿；雖然文中說「《基本法》縱是一國兩制的基礎」的「縱是」是多餘的，但還是承認《基本法》是具備憲法地位的根本大法；雖然不自量力的提出要港獨，但還是要爭取「香港成為聯合國認可的獨立主權國家」，心中還有聯合國的國際機構，而不是天馬行空要搞虛幻的獨立王國。

既然是尊重法治，就請您們認真看看《中英聯合聲明》、《基本法》和《聯合國憲章》。香港從來都是中國的一部分，香港本身和外國任何力量都不可能改變它是屬於中國一部分的現實。回歸文件中寫的「50 年不變」，只是中央政府的承諾。其實，在討論 2047 年以後香港的前途，最值得看的是中國憲法第 31 條：「國家在必要時得設立特別行政區。在特別行政區內實行的制度按照具體情況由全國人民代表大會以法律規定。」特別行政區的設置，是國家說了算；甚麼叫「必要時」，也是國家說了算。實行的制度，是全國人大規定；是否資本主義制度也是全國人大說了算。《中英聯合聲明》、《基本法》和《聯合國憲章》現在誰也改不了。如果要變，我們可以爭取修改憲法，這是尊重法治的做法。

香港前途改變需三分二全國人代投票決定

　　我們還得承認一個現實：要修改憲法，必須獲得全國人大代表三分之二同意才能獲得通過。那就是說，香港的前途最終是全國人民來定的，要改變香港的前途要得到全國人民同意才可以。香港的民主制度只是選舉管理香港的內部事情；香港的前途改變，如果需要投票，是 13 億人民的代表來投票決定。

　　對港大學生「吹捧」了一通，一邊寫一邊在冒汗，最後不得不指出一些低級的錯誤。「反對港共靠攏中共」，首先不能暗示特區政府是「港共」，因為沒有根據。香港肯定有中國共產黨員，如果他們不聽中共中央的指示，會被開除出黨，所以不存在港共靠攏中共的問題。共產黨內部的上下級關係，也不是外人可以反對的。

文中說：「無理發展新界東北，無視高鐵無止境超支，配合中共前海計劃。」發展新界東北是否無理，還可以討論，但發展新界東北跟前海計劃有關係嗎？

特區政府已經承諾高鐵超支不會無止境，市民可以選擇不相信，但高鐵超支跟前海計劃有關係嗎？高鐵是連接全國三萬公里的高鐵網絡，香港人的目光不要只盯住深圳，全國很大。前海是全國四大自貿區當中廣東三個點的其中一個，如果特區政府的施政計劃只盯住全國這麼一個點，值得譴責，但恐怕這並非事實。

最後是語文錯誤。「赤色紅潮」，沒有紅潮不是赤色的。

文中唯一的說法是全港共識，就是描述旺角暴動是「場面怵目驚心」，但不同人對於造成場面怵目驚心都有一本不同的帳。

（原刊於 2016 年 3 月 19 日《明報》）

第三章

粵港澳大灣區

港人內地投票權利
不應設置任何條件

選管會就港人「境外」投票問題，認為必須確保有合適的監察機制，這個大原則沒有任何人會有不同意見，但選管會對「境外」選民行使投票權的建議不置可否，則有違該會宣稱公共選舉均在公平情況下進行的原則，起碼對居住內地的港人不公平。香港市民有遷徙自由和選舉權利，不能因為有些人選擇遷徙到一國之內的其他地方居住，而另外一個基本權利被剝奪。技術性的安排以確保選舉公信力，可以從長計議，但基本權利原則不容討論。

擁外籍港人應否享雙重選舉權　才該討論

公民的自由遷徙權利在聯合國人權宣言中白紙黑字，毋須贅言，現在坊間討論的所謂「境外」投票問題，有點弔詭。自由遷徙當然包括移民他國的權利，由於香港沒有任何機制檢查擁有香港身分證的居民的國籍，而那些已經擁有他國國籍的香港居民，根據選舉條例，仍然擁有選舉權。如果討論「境外」投票問題，包括這部分選民，問題就複雜了。難道在入籍外國時已經宣誓效忠他國的香港人，也應該給予他們選舉香港立法會議員的權利嗎？其實，香港有過百萬的市民擁有外國國籍，他們是否應該享受雙重選舉權利，才是應該討論的問題。

至於那些留學外國的香港學生（持 BNO 者），他們在英國留學期間享有英國投票權，同樣是雙重選舉權問題；那些留學其他國家，或者短暫留居海外工作的香港人，情況可能不同，所以將所有暫時居住在海外的港人納入這個「境外」投票問題，問題複雜得多。按照先易後難的原則，解決在內地居住港人的選舉權利問題，容易得多，雖然內地也算是香港的「境外」，但畢竟在一國之內，選擇享受在一國之內的遷徙自由問題，是理直氣壯的，況且居住內地港人既沒有內地選舉權，連報考公務員的資格也沒有。

　　選管會本月 12 日發表的報告書表示，「理解 2019 冠狀病毒病疫情對身處境外的選民行使投票權的問題」，研究方向就是錯誤的。這不是一個疫情導致的問題，而是遷徙自由與選舉權利的基本原則問題，如果疫情消失，就毋須研究了嗎？特區政府的數據顯示，去年底長居在廣東的港人達到 53.8 萬人，相當於人口的 7%，這樣一個比重的港人基本權利問題，本來早就應該研究和解決，還想一旦疫情消失就放棄推進，是失職失責。

　　香港選舉條例對選民資格，要求選民必須在香港通常居住。這個規定有一定的合理性，因為如果選舉結果對選民沒有影響，在某種程度上是不應該賦予他們選舉權利的，但這個規定只影響那些擁有外國國籍或者在外國長期居住而仍然擁有香港身分證的所謂港人，立法會的決定不會給他們帶來任何影響，唯一例外是特區政府派錢是否應該包括他們的決定，但本來從法理上和道義上都不應該包括他們。除此以外，立法會還有甚麼決定會對這些移居海外的港人帶來影響？

至於選擇移居內地的港人則不一樣。立法會的決定，有相當大的程度，會對這部分港人帶來深遠影響，比如領取生果金的年限、入息證明、平均一年居住香港的天數、醫療券的領取資格以及是否能夠在深圳港大醫院使用。除了普遍適用的政策是否能夠惠及居住在內地的港人外，工聯會建議特區政府租借珠海桂山島興建大量公屋供幾十萬港人居住，這樣重大的決定，必須立法會通過，選舉立法會議員，難道不應該給予居住在內地港人一個表達意見的機會嗎？

　　現在坊間討論的其中一個焦點是，居住內地港人究竟跟香港有多大的聯繫。甚麼叫聯繫？多長時間回香港一次嗎？每隔多久跟香港親友電話聊天嗎？在香港工作納稅了大半輩子，現在居住內地的長期病患者需要定期覆診取藥算是聯繫嗎？

　　香港的所謂民主人士，以美國民主制度為圭臬，美國對於在海外居住的公民投票權，幾乎是沒有任何限制的，非但不要求有通常居住的證明，只要聲明離開美國前居住的州份就可以成為該州選民。即使在海外出生，從來沒有在美國居住，只要父母曾經在某州份居住，大部分的州份都接納他們為選民。香港的民主人士，要求居住內地的香港選民證明他們跟香港有聯繫，他們在這個問題上不跟隨他們認為是「民主之母」的美國，是否有選擇性失憶之嫌？

　　選舉公平公正同樣是原則問題，沒有人會質疑。如何避免在內地投票會令人覺得破壞選舉公信力，大可以主張票站設在特區政府駐內地辦事處，選民登記、發放選票、點算選票等等工作由特區政府公務員負責，並且歡迎參選的政黨派員監票，這些技術

性問題不難解決。關鍵是認清港人的基本權利，不應該由於他們選擇在內地居住而被剝削，而這個基本權利問題是不容討論的。

（原刊於 2020 年 10 月 27 日《明報》）

獅子山下精神不擴大範圍
無法延續

　　港台節目《獅子山下》演員惹官非，其中一集不能上演，港台的問題暫且不說，但新型冠狀肺炎肆虐期間，獅子山下精神還是值得討論的。無論在劇集首演的上世紀 70 年代還是今天，香港的生存環境都受到挑戰，過去提倡的同舟共濟精神是被港英政府逼出來的，而今這種精神不再，而且好像看不到出路，皆因港人把這隻「舟」局限在深圳河以南。如果把守望相助的精神擴大到大灣區，未嘗不會出現一片坦途，風光無限。

　　港台 15 日播放的獅子山下《日照太短》，以劇論劇，是上乘之作，劇中以劏房住客遭遇為主線，描述低下階層住蝸居卻要捱貴租，還要承受無良業主榨取不合理的水電費，劇中人面臨逼遷之際遇上妻子懷孕，究竟要選擇搬到租金較貴但有向陽窗，還是較便宜但沒有採光的房子？另一條線是兒子從學校學會第一次養花，花依賴水和光才能養活，劇中人最後決定選擇沒有向陽窗的房子以節省開支迎接小生命來臨，但養的花則不知沒有光是否能活下去。全劇以光和水這個最卑微的要求都沒法滿足，說明生活被逼迫得喘不過氣來，小生命無論是花還是即將誕生的小孩，前途都是黯淡無光。

　　《獅子山下》劇集反映時代現象，既然幾十年來都用同一個名字，就難免叫人去對比。以 1970 年代有關制水下的香港一集

來看，生活困苦的情況是相若的，但對獅子山下精神的表達，則有雲泥之別。當時每天供水幾個小時，徙置區居民要排隊輪候食水，難免起爭執。劇中人德叔在鄰里間發生諸多誤會與拗撬之下，想出妙招，用長水管將水送到每家每戶，大家不用排隊，也不用因為要抬着水桶經過狹窄的過道而發生矛盾，皆大歡喜。

同樣是以水這個人類生存必要條件為題材，過去的德叔呼籲大家節約用水，被人質疑是否替政府說話，他的回應是，是為大家都能用得上水的同舟共濟精神，而今的劏房住戶，則在劇集中呼籲，既然無良業主以定額方式收費，按人頭每月收 40 元，不如大家浪費食水，「攬炒」這種同歸於盡的心態還是獅子山下精神嗎？

所謂獅子山下精神，「放開彼此心中矛盾」，在目前撕裂的社會氣氛下，誰還在呼籲「理想一起去追」都是徒然枉費。問題是對「同舟人」為甚麼再也無法「攜手踏平崎嶇」而感到絕望？

香港回歸前，港英政府的所謂「積極不干預」施政理念，實則是叫香港人不要對政府有任何期望，有困難自己「執生」，獅子山下的港人被迫守望相助。回歸以後，特區政府有責任為市民解決一切困難，港人對政府的要求，有意無意間被提升到無限大，是否應該如此先不說，香港市民對於特區政府是中國人政府而應該有所承擔的觀念已經形成，但自身改變成為中國人身分的觀念則還沒有轉變過來。所以仍然將這個同舟人的舟，繼續局限在獅子山下的範圍內。

· 新型肺炎疫情來襲，病毒沒有邊界，特區政府對內地封關，控制病毒蔓延。香港出現口罩荒和慌，特區政府鼓勵香港自產口

罩的資助，限制在香港境內生產，商家表示生產機器和材料都來自內地，而且工人成本比香港低，建議只要生產出來的口罩只供應香港，就應該得到資助。資助政策的目標是提高香港的口罩供應，而不是提供就業機會，特區政府在解決問題上的思路，難道不是畫地為牢嗎？

守望相助出自《戰國策》，鄉田同井，出入相友，守望相助，疾病相扶持。如果守望相助的精神是大家飲同一井的水，香港的井能解決所有港人的需求嗎？香港日常所需的大部分生活資源都要依靠內地，服務市場的出路也在內地，為甚麼解決問題的思路只考慮井水而不想想還有河水呢？

獅子山下劇集描述不同年代的香港生活狀態，是香港有限資源所不能解決的，剛播出的劇集詰問公屋不知道何年何月才能滿足劏房居民需求，為甚麼不可以在高鐵線邊上的東莞借一塊地建公屋，特區政府給可以在 30 分鐘內回到尖沙咀上班的市民交通補貼，是否可行另議，但思路確實可以打破這個獅子山下的界線。

東江之水越山來，既然河源、東莞、深圳和香港人都在飲東江水，為甚麼就不能出入相友呢？港人不以內地人相友，死抱同舟共濟的精神只能局限在獅子山下，無論再如何守望相助，在資源貧乏的條件下，理想是無法超越矛盾的。疾病相扶持，當內地疫情仍然嚴峻，深圳市政府在 2 月 24 日開始，每天給香港送口罩 10 萬個，這才是守望相助不以深圳河為界的表現，但只憑內地單向給香港相助，香港無論是政府還是部分市民，都以鄰為壑，這個守望相助只會愈守愈窄，愈共濟愈沒有出路。

筆者小時候住在黃大仙上邨，也嘗過制水的困苦，天天看着光禿而且嶙峋的獅子山，不知道山外有山，天外有天，回想起來，不禁唏噓；而今對香港的前路則不無掛慮。

（原刊於 2020 年 3 月 17 日《明報》）

規劃的大灣區缺乏執行機構

粵港澳三地行政系統缺乏機制聯繫，妨礙大灣區建設。廣東可單方面落實部分政策，共建項目則很難執行。

千呼萬喚始出來的粵港澳大灣區規劃，雖然延遲了公佈時間，但總算是包羅萬有，涵蓋各個方面與層面，還有具體可落實的項目，並且指出了前景方向與藍圖。然而，規劃最大的問題是如何落實，雖然規劃中有很多具體行動綱領，但主要集中在廣東有執行機構可以單方面落實政策，「推動」也可以靠合作完成，而「共建」的部分，則還是含糊其辭，令人懷疑落實的成效。

中國內地過去實施計劃經濟，國家方針、城市規劃、行業導向等等，都可以規劃出來，而今實施市場經濟，大灣區這麼龐大的工程，還能規劃出來嗎？大灣區本來就是不可分割的聯合體，只是被人為的因素分隔出來，而今要減少這些人為因素，或者稱掃除發展要素自由流動的藩籬。雖然國家實施市場經濟，但還有很多工具在手，比如資金投向和稅收政策等，這些都是保證規劃得以實施的手段。值得討論的是國家如何使用這些工具，有沒有一套有效的行政體系來執行。

推行大灣區這麼一個國家發展戰略佈局，是一個龐大的複雜工程，最大的「先天條件」是在灣區內實施一個國家、兩種制度、三種貨幣和三個關稅區，在嚴格依照憲法和《基本法》辦事的前提下，規劃提出要「不斷深化粵港澳互利合作，進一步建立互利共贏的區域合作關係，推動區域經濟協同發展」，而要做到這些

目標，只能依靠「協調發展，統籌兼顧」。

不能越過深圳河到達香港

規劃中提出了要加強政策協調和規劃的銜接，分工合理、功能互補、錯位發展。細看規劃，這些目標在廣東一方有落實執行的手段，至於粵港共同推動，則有所欠缺。比如在加強環境保護和治理一章，提出要「實施珠三角九市空氣質量達標管理」，廣東省生態環保廳有通達全省的下屬機構，有可供共同執行的標準，也有具體的任務指標，但這些指標是不能越過深圳河到達香港的。在相關的部分，規劃只提出「推動粵港澳碳標籤互認機制研究與應用示範」，不但不能共同落實政策，連標準都還在研究階段。

規劃的某些目標，如果粵港澳三地各自執行，也可以達到政策目標，比如推動香港退休人士到廣東省生活，廣東準備有針對性地為港澳居民拓展社區綜合服務功能，一些城市對老人免費乘公交車的優惠範圍也包括港澳居民；香港要做的是：「提高長者社會保障措施的可攜性」，這方面也在陸續執行，比如醫療券可以在深圳的港大醫院使用，生果金（高齡津貼的俗稱，是香港社會福利署為長者永久居民提供的福利金）可以在廣東和福建領取，只要兩方都加快落實，目標不難達到。

然而，規劃中更多的措施是依靠廣東一方單獨實施，比如港澳醫務人員在廣東私人執業、港澳律師在珠江三角洲九市執業資質和業務範圍、開放香港中小學教師到內地執教等等，這種單向的開放政策是不可持續的。然而雙向的資格互認問題幾乎又是一

個禁忌，比如醫生和律師的資格互認。還有一些從邏輯上有問題的措施，比如香港特區政府有額外經費聘請以英語為母語的教師來港教英語，為甚麼要限制以普通話為母語的教師來香港執教？

區域發展的政策目標，珠三角九個城市之間，可以協調執行，比如廣、佛同城將來會有十一條地鐵線為兩市居民提供交通便利，廣州至東莞，深圳與惠州之間都有地鐵互通，深圳與中山隔了一條珠江，正在興建深中通道，還在規劃另一條軌道與公路公用的過江通道，而香港跟內地的交通連接，則是如何更好地利用港珠澳大橋的問題。

競爭因素大於互補因素

有些粵港澳之間的藩籬，國家可以協調三地政府，共同推進，比如共建大數據中心、一帶一路項目公用庫。規劃的某些單項目標，也可以通過國家政策加以落實，比如鞏固和提升香港的國際金融地位，因為人民幣還不是國際流通貨幣，香港有國際金融功能作為互補，但其他需要共建的項目，則很難執行，甚至有相互排斥的因素。比如規劃提出要鞏固提升香港國際航運中心地位，這是良好願望，因為去年香港的貨運量跌出世界排名頭五的地位，但大灣區規劃同時要「增強廣州、深圳國際航運綜合服務功能，進一步提升服務能力」，兩者的競爭因素大於互補因素，是否能夠實現共贏，難以逆料。

規劃的最後章節是「規劃實施」，雖然設立了大灣區建設領導小組，但只是研究解決問題，要求粵港澳三地政府加強溝通，遇到重大問題及時向中央報告，但如何跟進落實，則看不到明確

的說法。要求三地政府要互相尊重和積極協調，反而說明這方面本身存在問題。粵港澳三地行政系統缺乏機制聯繫和有效措施，是實踐大灣區目標的重大障礙。

（原刊於 2019 年 3 月 3 日《亞洲週刊》）

大橋沒有用好管好
大灣區沒有規劃好

　　當您的老闆走進您的新辦公室，說要用好管好您的辦公室，雖然語調並非嚴言，臉上也沒有露出厲色，您應該心知肚明，老闆這句話是對您不滿。港珠澳大橋開通儀式的新聞，香港觀眾被引導去看面帶笑容的林鄭月娥與習近平主席並肩而行，而忽略了習近平在整個開通儀式上的表現與評價。

領導人有不滿情緒？

　　習近平在開通儀式上「一言不發」，只宣佈大橋開通。這種做法給人的印象是「怪怪的」，但不好猜測背後原因。之後習近平帶了小部分人去人工島，跟珠海的工程人員懇談，除了讚揚他們的貢獻外，還說了一句話：「這樣的重大工程，既要高質量建設好，全力打造精品工程、樣板工程、平安工程、廉潔工程，又要用好管好大橋，為粵港澳大灣區建設發揮重要作用。」「用好管好大橋」，如果連接後面的一句，是為如何「用好」指明方向，是為粵港澳大灣區建設；但如果從負面看，就是對現在的安排表示不滿，認為現在大橋沒有用好管好。

　　如果這只是猜測的話，負責港澳事務的副總理韓正在講話中說「要進一步簡化審批流程、縮短通關時間」，堂堂高官說得那麼的具體、那麼的直接，不滿的情緒，應該就不是猜測了。

對沒有用好管好大橋不滿的，當然不止是國家領導人；想用大橋用不着、用了大橋高興不起來的人，應該更加不滿。第一個周末，旅客擠滿了大橋兩邊的候車處，高峰期要排隊兩個小時才等到接駁巴士。這種情況不能作準，因為嘗鮮的旅客，應該會因為看到新聞而放緩上大橋的衝動；而且嘗鮮旅客終究會遞減，大橋常規使用者的方便程度才是標準。

港官決策踟躕不前

官員對日常使用的情況如何應對？開始是怕車和旅客的流量不足，降低路費和增加發牌鼓勵使用；開通以後是怕太多車和旅客使用，三地政府「聯手」採取措施，限制旅客使用。政務司長張建宗毫不掩飾要維護「香港優先」的大前提：「當局不希望影響東涌和機場交通，先以克制方式，主動把大橋車輛配額設於穩妥水準，確保道路網可應付所需。」香港是怕去大橋的車多了，同時通往機場的大嶼山公路會塞車。他所指的配額，香港有 4.2 萬架本來就可以來往廣東和香港的兩地牌車輛，初時在怕大橋車流量不足的時候，官員說所有持兩地牌的車輛都能免申請用大橋；後來臨時宣佈全部不能用；再後來又說首先給 5,000 個大橋牌照。這種踟躕不前的反覆決定，是官員決策心理的最好寫照。

官員的決策心理，只能作為飯後「談資」；但決策的後果，對用好管好大橋，有實實在在的影響。香港通往大橋「獨沽一路」，通往屯門的路要兩年後才能建好；澳門同樣是「孤注一擲」，規劃中的另外三條路仍在修建中；珠海好一些，有兩條路通往口岸的人工島。

大橋周邊設施問題，香港機場為了吸引珠三角城市居民使用，開設渡輪從不同城市直接駛到機場碼頭，旅客不用在香港進關出關，方便得很。大橋開通，同一做法，可以讓大巴通過大橋直接駛進機場，免去旅客進關出關，老主意新用途，何樂而不為之？但政府官員沒想到要這樣做，後知後覺要規劃的時候，這條大巴特別通道據說要 2023 年才能使用。

港珠澳大橋開幕式上，中央以及粵港澳的官員都把大橋的作用說得淋漓盡致，但為何配套設施卻如此落後？大橋是 2003 年立項，2009 年動工，過去 15 年來，官員都幹嘛去了？為甚麼沒有把今天說成如何偉大的事情在此以前作為規劃的指標呢？

首先倡議要修港珠澳大橋的胡應湘被問到，是否官員考慮問題不夠周詳？商人胡應湘說，如果由他來決定投資興建，他會要求官員必須做好各種準備。關鍵之處一語中的，官員在沒有外來壓力的情況下，決策總是不周詳的。如果涉及商業用途，官員會考慮商人的要求，否則只會回應上級的要求。香港官員最高決策人是特首，特首不要求，局級決策官員可以敷衍了事。

特首林鄭月娥在港珠澳大橋開通儀式講話時說了三點：一是香港的角色已經轉成為更積極的參與者，大橋有利於粵港澳大灣區各地共謀發展；二是大橋好看，為市民帶來期盼；三是特區政府抓住大橋的機遇，提出「明日大嶼願景」，為香港締造更美好的未來。後面兩點就不評論了，值得討論的只有第一點：香港已經成為大灣區的參與者，今後如何跟區內城市共謀發展。

修建大橋有一個很好的經驗，就是共同策劃，並採用任何一方更高的標準。現在出問題的是在用好管好大橋的問題，三地政

府各自為政，港澳特區政府都缺乏上級指示。而今中央領導人提出大橋要為粵港澳大灣區建設用好管好這座橋，但在三地政府之間又缺乏一個更高層次的政府去監督。這些官員是否還會繼續不斷重蹈覆轍，令中央領導人和大橋的使用者一再失望，需要探究一個新的行政系統，對大灣區的事情，從決策到執行，全面監督。

（原刊於 2018 年 10 月 30 日《明報》）

在內地建香港村是個歪主意

新疆伊犂察布查爾是一個少數民族聚居地，名為錫伯族。這個民族原居在東北，清朝乾隆年間被徵召到新疆屯田。後來不知道是皇帝忘了把他們遷回原居地還是別的甚麼原因，這些人就一直留在當地，目前只剩下 6 萬多人。但按照國家的政策，還保留原來的民族地位，包括以這個民族命名的察布查爾錫伯自治縣。其實，當地聚居的有 25 個民族，人口共 19 萬，錫伯族也不是主體，只是按政策保留名字而已。

民建聯和工聯會「不約而同」地正式提出建議，在廣東中山和惠州「租借」一些地方，建公屋和醫療等設施，吸引香港退休人士回去定居，名曰「香港村」。這個建議目前十畫沒有一撇，將這個建議跟錫伯族的遭遇做比喻，有點不倫不類；但在內地建香港村這個建議，似乎更加不倫不類。

香港房價高居不下，雖然剛公佈的資料顯示 28 個月來第一次輕微下跌，未知前景如何，但香港覓地建屋確實是捉襟見肘，各種方案未免是病急亂投醫的「可選項」。在這種情況之下，對政策建議一向比較認真的兩個政團，提出要在內地建香港村，同樣會淪為治急病的亂藥。

首先，值得肯定的是，香港人到內地定居是一個值得考慮的選項。無論是到內地短期工作或者長期居住，抑或是退休以後回到原籍告老還鄉，還是選擇一個地方定居，畢竟香港人可以在一國之內「自由遷徙」。

香港人在內地的遷徙「自由」，分開兩個方面。如果工作，有稅制的問題，工聯會訪京團透露的信息，豁免港人對新修訂的個人所得稅法某種法律義務的好消息即將頒佈。所謂的自由，就是香港最高稅率是 15%，內地是 45%，國家再次額外開恩，給予港人某種稅務優惠，讓他們選擇在內地工作有更多的自由。詳情有待公佈，一旦實施，香港人在稅務居民履行個人所得稅法的問題上，又變成「少數民族」，享受某種特殊的待遇。

搞特殊化　是否必要可行？

究竟這種只給香港人的特殊待遇，應該是天長地久還是暫時擁有，是一個不能擺上枱面的議題。如果說香港過去對內地有特殊貢獻，現在要討回一些好處也不為過，從江湖道義上講要還的，應該也會有「有效期」。如果說香港專業人士還有一些內地人目前還沒有的特長之處，要用稅務條件來吸引港人，確實無可厚非，但還是會有「有效期」。最差的一種情景是，香港目前政治問題很多，要用稅務條件來吸引更多人回內地工作，特別是年輕人，以消弭某些港人的反抗情緒，這個「有效期」愈長，情況愈糟糕。

至於退休人士回內地定居，香港的第二代移民或者第三代移民，鄉土觀念比較薄弱；相比之下，選擇一個生活條件更加適合的地方，比鄉土情更重要。從這個角度出發，如果中山或者惠州有公屋及港式醫院，還有茶餐廳，在當地建香港村，也不算甚麼歪主意。問題是有沒有這個必要，以及是否可行。而討論必要與可行，似乎都是從香港的思維假設出發，而沒有顧及內地的實際情況。

從必要性的角度考慮，是假設港人不能融入內地的環境，非要集中「安置」不可。或者是從實施政策的方便角度看，建公屋和醫院，只供港人使用，所以必須集中在一個特定的地方，所以要建村。前者的假設是不成立的，因為既然選擇回內地定居，無論是告老還鄉還是選擇一個宜居的地方，都已經有心理準備，認為適合才會做出決定。況且內地目前的各種生活條件，跟香港的差異不大。如果是後者，或許有一定的道理，因為建公屋和醫院，必須有足夠的人口才能形成規模，以及便於管理。

　　至於可行性，中山與惠州的土地資源無論如何都比香港充足，澳門多番爭取在毗鄰的珠海橫琴要地建養老院，都被珠海回絕；最後找到中山南朗一處，才給了一小塊地。但人家有土地，就一定給您嗎？任何政府都會考慮一個問題：外來人口對本地經濟可以起到多大的貢獻。如果都是退休人口，消費能力有限，免費或者低價給出一塊地，長遠來說是得不償失的。或許，礙於中央的特殊照顧，要服從政治需要，劃出一塊地給香港建村，勉為其難，到頭來在具體的日常運作中，也不會十分暢順。

　　即使是具備必要和可行兩個條件，這樣做合適嗎？真的沒有替代方案嗎？香港人在內地搞特殊化，內地人看在眼裏，是否會恨在心頭不說，如果要服從政治大局，他們還是會容忍的，但是否合適，值得商榷。但有一個替代方案值得考慮。

　　如果香港通過立法會等種種政治難關，撥款在內地建公屋和醫院，所需的費用，用於放棄在香港申請公屋，和在使用醫療設施減輕香港的負擔，其實也未嘗不可。但這筆錢可以以現金劃歸到個人手裏，給予選擇到內地定居的居民作為補貼，讓他們在內

地租房或者租用「經濟適用房」（類似香港的公屋），以及在內地醫院就醫時使用香港的醫療券，從行政成本上，更加有效率。但為甚麼非要建香港村不行呢？

　　有效使用資源，是一個重大的考慮點；更加值得考慮的是，香港在內地搞特殊化，關係到香港融入國家大局的大是大非問題。香港特殊的「有效期」究竟能有多長時間事小，搞不好可能真的會出現另一個錫伯族在新疆成為一個不倫不類的少數民族，才是事大。

（原刊於 2018 年 10 月 2 日《明報》）

嚴重滯後的港珠澳大橋

　　港珠澳大橋動工時機及工程滯後，對將來甚麼車可以上橋、收費標準等問題，三地也還未磋商。

　　港珠澳大橋主體工程 9 月 27 日全線貫通，如果餘下工程順利，明年底可以通車。通車之日，港珠澳這三個城市將會吸引全球的目光，因為這條世界最長的跨海大橋，工程的難度也是世界之最，同時會將珠三角的三顆明珠連接在一起，經濟潛力巨大，對溝通三地的人文交往，也是意義非凡。然而，這條大橋先天不足，後天失調，嚴重滯後的動工時機以及工程，是否也會帶來功能與效能的滯後，同樣存在未知之數。最嚴重的問題是，現在距離通車時間只有一年，將來甚麼車可以上橋，三地的政策與法律問題複雜而繁瑣，而這些實際問題還沒有開始磋商，是否會出現大橋存在通車條件，但由於三地政府未能達成協議而進一步延誤通車，也不是沒有可能的。

　　提出興建港珠澳大橋，始於 1983 年，具有超前目光的商人胡應湘認為香港應該以基建全方位連接中國內地，最起碼是吸引內地的貨物使用全球效率最高的香港貨櫃碼頭，當時內地製造業蓄勢待發而嚴重缺乏現代化碼頭，即使加速興建，也會遇到海關繁瑣的手續，以及管理能力不足而導致效率不高。這個概念獲得同樣有超前意識的珠海市領導梁廣大的贊同，並於 1992 年開始研究可行性報告，但港英政府對此不聞不問，雖然當時新機場已經動工興建，胡應湘再次提出大嶼山猶如死胡同，必須繼續延伸

才能獲得更大的生命力，但即將降旗回老家的英國人自然不會理睬。

香港回歸令香港獲得新的機會，國務院終於 1997 年底批准立項，但由於金融風暴，香港再次放棄這個宏大的計劃，直到 2002 年再度提出，國務院在翌年通過研究報告的名稱還是伶仃洋大橋，意味着橫跨伶仃洋有可能是連接珠江東岸的香港與深圳和西岸的珠海與澳門，但在香港一方堅持之下，決定採用單 Y 方案，即撇開深圳，改名港珠澳大橋，使這條大橋所能承載的潛在意義削減。

在貨運上錯失黃金機會

港珠澳大橋 2009 年底正式動工，當時香港貨櫃碼頭吞吐量仍然是全球第一，但隨着深圳、廣州大力興建貨櫃碼頭，海關手續簡化，效率提高，香港貨運中心的地位已經岌岌可危，加上被譽為世界工廠的珠三角製造業被迅速轉移到內地以至東南亞，香港貨運的來源江河日下，貨櫃碼頭吞吐量去年已經跌至全球第六。原來計劃承載珠江西岸貨運的功能，也在逐漸消失。但不可忽略的一個因素是香港機場的貨運量仍然是全球前列，而且七成的貨運量來自珠三角，將來港珠澳大橋可以承擔部分的貨運功能，然而，過去製造業產品體積大和重量高，而今珠三角轉型高科技和服務業，貨物體積減輕，加上從珠三角用內河航運至機場的成本最低，利用貨車通過港珠澳大橋實際有多少，不容樂觀。

如何吸引旅客棄船用車

在貨運上錯失黃金機會的港珠澳大橋還有客運的功能，去年經海路進入香港的旅客達到 1,200 萬人次，其中大部分是來往港澳的旅客，也有來往珠三角西岸諸如珠海、中山等地的旅客，這些旅客將來會「棄船用車」嗎？目前來往港澳，船程不到一個小時，來往香港與珠海，也就 70 分鐘，三地碼頭與海關效率奇高，從購票到離開對岸碼頭，一個半小時足矣。港珠澳大橋橋面通車時間約為 30 分鐘，但從香港市區到大嶼山登上港珠澳大橋，還需要 40 分鐘，加起來跟船程時間相若。最大的障礙來自通關，目前決定採用三地三檢，即是說旅客從香港出發，到大嶼山拿着行李下車，走過入境署和海關的關卡，開車到珠海的人工島，拿着行李下車再過一關，去澳門的還要轉乘公共交通，到珠海的可以選擇全程大巴或者私家車。過兩關的時間最少也要半個小時，如果去澳門要轉車，全程就起碼要兩個多小時，如果在票價上沒有競爭力，有多少人會「棄船用車」，實在成疑。

然而，對於擁有私家車，特別是需要點對點旅程的商務客人，大橋的方便還是有吸引力的。可是，從採用單 Y 撇開深圳，使得這個擁有 320 萬車輛的大城市被杜絕於大橋之外。而港珠澳三地共擁有 130 萬輛汽車，有多少將會是大橋的使用者呢？香港前不久已經拒絕了來自深圳的私家車來港，將來歡迎來自珠海私家車的可能性不高。澳門確實不能接受外來車輛，珠海倒是歡迎，但香港車輛到珠海，許可證和駕駛證的審批、保險的覆蓋範圍、法律的適用性等問題，還有在大橋橋面上遇到車禍，執法單位的確認等，以及影響運營最大的因素——通車費用的收費標

準，目前一切都還沒有開始磋商。

深圳至中山大橋更實用

　　香港旅遊發展局建議在港珠澳大橋落成後舉辦港珠澳國際單車比賽，吸引更多遊客，這個建議十分有創意，但在通車頭一年不大可能。因為這條全球最長的跨海大橋，起初一定會吸引到很多人慕名而來，但新鮮感過後，實際使用者是否會寥落，還要拭目觀之，但這個觀察期不用維持多久，因為興建費用低很多、實際價值高很多的深圳至中山大橋將會在 2023 年落成，屆時連接珠江東西岸又多了一條便捷通道，港珠澳大橋的意義將會再打折。

（原刊於 2016 年 10 月 16 日《亞洲週刊》）

第四章

他山之石

彈劾總統大騷落幕
政治實力角力繼續

　　美國卸任總統特朗普的彈劾案終於結束，標誌着總統爭霸戰的最後一場角力，也告一段落。彈劾案將寫入史冊，不但因為特朗普兩遭彈劾，關鍵是美國總統煽動叛亂民主政體罪是否成立。從民主、共和兩黨參議員事前的言行可以預料，特朗普不可能罪成，因為美國的民主神聖殿堂地位不能因為特朗普而被玷污，但綜觀控辯雙方在參議院的表演，無不令人聯想到香港反對派為黑暴開脫的論據和邏輯，跟美國主子的何其相似。

　　彈劾案的控罪是特朗普煽動民眾參與 1 月 6 日攻擊國會山，阻撓正在進行的總統選舉結果確認程序。參議院審議的方式類似法庭審訊，原應由最高法院首席大法官任主審（但因首席大法官不主持是次審議，改由民主黨資深參議員主持），民主黨議員作為控方陳述指控並舉證，特朗普聘請律師團隊辯護，最後由所有參議員投票裁決。最後有 7 名共和黨參議員倒戈，結果是 57 對 43，未達三分之二定罪門檻，特朗普煽動叛亂罪不成立，不會因此而被褫奪將來擔任公職的權利。參與審議的參議員並非一般陪審團，他們都是根據政治考量投票，這是一場政治角力，而不是按法律裁定罪成與否。特朗普辯護團隊的律師范德維恩在結案陳辭中，表示這是一場「審訊騷」，指控民主黨議員都是偽君子，所言非虛，唯一不足的是沒有同時指出共和黨議員也是偽君子。

從香港持續近一年的暴力衝突事件角度看，值得關注彈劾案控辯雙方所提交論據與邏輯的細節。控方給出很多證據，包括從未公開的視頻新證據，顯示攻陷國會山的暴力行徑，以及議員慌忙逃難的狼狽情景，兩者相隔時間只有一分鐘，說明議員的危機有多驚險。並且放映暴徒的證言和社交媒體的發言等等，力求證明暴徒是聽命於特朗普。

辯方的論據也同樣精彩，范德維恩的最強辯辭是：當事情已經篤定要發生，則不可能被煽動（You can't incite what was already going to happen），試圖說明攻入國會山的暴徒早就蓄勢待發，特朗普在集會上的言論，並不起到煽動的作用。誠然，要從法律定義上去審視特朗普的講話哪一句跟暴徒的行為有必然及直接的因果關係，十分困難，但特朗普辯護團隊沒有說的是 1 月 6 日集會的數千抗議者，是誰以甚麼名義鼓動他們穿州過省到華盛頓？特朗普在總統選舉結束後一直宣稱選舉舞弊，並且呼籲民眾奪回被竊取的總統位置。

美國法律精英偷換概念的狡辯

被廣泛視之為煽動的一句話，是特朗普在 1 月 6 日集會上呼籲民眾為國家鬥爭到底（Fight like hell, or you won't have a country anymore），辯護團隊表示，民主黨人提出要 fight 的次數與場合，不勝枚舉，不能證明呼籲 fight 就是煽動。這種詭辯是在玩文字遊戲，fight 有戰鬥、鬥爭、抗擊，甚至奮鬥的意思，特朗普當時用 fight 一詞，上文下理是，若放棄鬥爭，國家就會淪喪（於民主黨人手上）。

叛亂的指控是暴徒的暴力手段蔑視法紀，辯護團隊列舉特朗普一直以來在任何場合都表示，支持維護法紀，並且在 1 月 6 日也呼籲示威者須以和平方式示威。范德維恩在參議院展示特朗普在社交媒體的推文為證，但沒有指出該「和平呼籲」，是在暴徒已經在國會山蹂躪多時後才發出的。

　　這些偷換時間空間概念的狡辯，美國的法律精英在眾目睽睽之下竟然「口出狂言」，是因為明知道參議院不可能有三分之二的議員會通過彈劾，才會以經不起考驗的論據繼續愚弄特朗普的支持者。政治表演發揮到淋漓盡致的，是辯護律師引述特朗普說，一切暴亂都是不好的，並且一再聲明支持執法者；而 1 月 6 日也只是有一小撮暴徒參與暴亂，他們百分百需要為可恥的行為負刑責。政治的極致，是當領袖遇到危難時，將嘍囉棄如敝屣。至於香港反對派為何沒有使出棄卒保帥這一招，是因為他們不知道誰是帥誰是卒，也因為他們在慌亂之際，只顧爭相逃亡而甘願被棄。

　　特朗普辯護團隊最凌厲的一招是倒打一耙，范德維恩在結案陳辭中指控副總統賀錦麗曾經資助暴徒保釋，並呼籲他們繼續鬥爭。他指的是在去年「黑人的命也是命」運動的抗議者被捕後，賀錦麗支持的基金用於協助保釋，將社會運動與叛亂行為混為一談。這跟香港反對派從來沒有譴責黑暴破壞社會安寧，反過來指摘警察維持社會秩序所採取的手段過於暴力，顛倒黑白的做法如出一轍。

　　民主黨議員指控特朗普煽動叛亂的論據之一，是特朗普一直不承認選舉結果，而特朗普辯護團隊列舉多名民主黨議員在四年

前確認特朗普勝選的選舉程序時，也曾表示不承認選舉結果。混淆概念的地方在於，民主黨議員是在會議上表達意見，而特朗普則是在各種公開場合呼籲支持者採取行動抵制選舉結果。

香港反對派不撞南牆不回頭

香港反對派跟美國政客不是一個等級，人家的議員在議會內和平表達意見，特朗普無論如何也在肯定執法者，而香港反對派經常在議會內搞全武行，在議會外則大肆污衊警察。美國政客在彈劾案結束後，翻開新的一頁繼續政治角力，香港的反對派則是不撞南牆不回頭。

（原刊於 2021 年 2 月 16 日《明報》）

美國朝野棄特朗普
香港反對派顯尷尬

香港浸會大學一名教授，在課堂上討論時事題目時，讓學生即興做民意調查，「您支持彈劾特朗普總統嗎？」結果班上 7 人（21%）表示支持，26 人（79%）表示反對。而美國不同調查的結果是，支持彈劾的從 47% 到 55% 不等，緣何香港大學生竟然比美國民眾對特朗普更死心塌地呢？一間大學一個班的學生當然沒有代表性，但多多少少能反映反對派的尷尬心情。其實，有何好尷尬的呢？看清美國暴徒的事實，考慮能否認同，不認同就跟他們割席，視而不見導致錯誤判斷，聽而不聞導致錯誤行動，就是這麼簡單的道理。

看清美國暴徒事實　不認同就割席

特朗普 1 月 6 日鼓動集會羣眾進攻國會山的講話強調，有 7,500 萬選民投票給他。相信絕大部分票投特朗普的，是支持他及共和黨的經貿政策，選舉落敗就等下次選舉再戰江湖。最終響應特朗普「戰鬥到底」的，都是些甚麼人？從參與衝擊國會山被捕暴徒的名單中，或許能得窺一鱗半爪。

衝擊國會山最矚目的一個人，非「牛角佬」莫屬，牛角頭飾加上面部彩繪美國國旗色彩，手持長矛與大聲公，打頭陣衝進國會大樓，一時間風靡全球。據報道，這位陳士里（Jacob

Chansley）是「匿名 Q」（QAnon）的領軍人物。「匿名 Q」信徒對「民主黨人是戀童癖，並參與販賣兒童」深信不疑。雖然不分黨派的報章一再澄清沒有其事，但這種陰謀論還是甚囂塵上。

陳士里指摘副總統彭斯是販賣兒童的叛徒，他是否真誠相信很難說，但他的「專業」水平毋庸置疑。他以這身裝束打扮，經常穿州過省參與示威抗議，經費是眾籌所得，但至今未見公佈收支情況，只知道檢控官指他是暴力叛亂的象徵人物，法庭判令不得保釋。

同樣吸睛的是澤費里德（Kevin Seefried），他手持邦聯旗（Confederate flag），大搖大擺在國會大樓巡弋。邦聯旗是美國內戰期間南方軍的戰旗，現代高舉這面旗的被認為是白人至上的支持者。有評論說，內戰及以後，邦聯旗都未曾登上國會山，澤費里德創了歷史。他的兒子是打破玻璃爬入大樓的第一人，父子倆向警方自首，面臨刑罰可達 10 年監禁的控罪，保釋條件是未來幾天不能踏足華盛頓。

「匿名 Q」與白人至上支持者都是美國極端分子，而衣服上有「奧斯維辛集中營」幾個大字的派克（Robert Parker），則成為國際媒體關注的頭號人物。納粹在波蘭設置的集中營，囚禁並殺害了百萬名猶太人。任何公然支持屠殺無辜的人，都在挑戰人類道德底線。

香港曾經參與衝擊立法會的暴徒，請您們撫心自問，您認同上述美國暴徒的哪一種？您們肯定不會贊成納粹屠殺猶太人，也不會同意白人至上，那麼，您們對「匿名 Q」的陰謀論也不加懷疑嗎？

現在美國拘捕的約 100 人中,可能有不少是隨大流的,就是說本意是去參加集會支持特朗普,事前不知道有人策劃衝擊國會,阻撓確認選舉結果程序。一名闖入國會山「到此一遊」的人出來後在社交媒體表示,「我的照片被人放上網,現在很多人都知道我做了違法的事,我該怎麼辦?」

「貪玩」的不限於無知之徒,被捕的還有西弗吉尼亞州州議員埃文斯(Derrick Evans),他一路進入國會大樓一邊在社交媒體上發佈,得意洋洋的說自己到達了,留下犯罪證據,後來知道闖禍,刪掉信息已經太遲。被媒體追問時,初而否認參與暴力抗議,後又自稱是獨立記者去報道,最後才鼓起勇氣承認過錯,辭去議員職位。

犯錯不認　一輩子都活在陰影裏

「錯了要認,打要企定」,這不但是黑社會組織的幫規,放諸社會皆準,犯錯不認,或許能夠逃過法律追究,但一輩子都活在陰影裏。曾經衝擊立法會的人,在金鐘扔過汽油彈的暴徒,當您坐港鐵聽到,下一站是金鐘,一定又會勾起您的回憶,又會再一次反問自己,究竟這樣做對不對?至於那些棄保潛逃海外的,這一輩子都別想回來了,污名也別想洗脫了。

香港那些曾經參與過反政府示威的,現在看到美國暴徒的醜陋面目,毋須尷尬,因為您清楚知道,您跟他們不是同一類人,不應該受到同樣的指摘。但反對派的頭面人物就相當尷尬,他們不敢表態,因為無論支持美國暴徒還是支持特朗普,都會成為眾矢之的。

置國家政權安危不顧 任何社會都不容忍

其實，香港的反對派也是「受害者」。特朗普煽動暴徒衝擊國會山，闖下彌天大禍，共和黨的大老馬上跟他割席，有的甚至加入對手陣營投票支持彈劾特朗普。美國共和黨有理智的還是佔多數，香港的反對派全部失智，互相之間只會慫恿對方更加激烈，而沒有一個冷靜下來提點「自己友」不要做違規犯法的事。

美國暴徒衝擊國會山的事件給香港一個很好的啟示，任何社會都不會容忍置國家政權安危於不顧、立法機關尊嚴於不管。一旦有人越過紅線，總統也可以譴責，警察立即抓人，法庭迅速開庭，軍隊馬上出動。這個啟示，特區政府、反對派頭目以及其支持者都應該深思。

（原刊於 2021 年 1 月 19 日《明報》）

美國各界這樣看「政變」，
香港泛民知錯嗎？

美國暴徒衝擊國會山莊，令全球刮目相看，香港人則會有似曾相識的感覺，但令人驚訝的是，美國政界與媒體竟然將這場鬧劇定性為「政變」。這場「國會山風雲」，究竟是暴動、叛亂、還是政變，關係到如何對特朗普問責，這是美國的內政。對於香港來說，值得關注的是，美國人對政權的態度，是何等的敏感，看得何等的大，對維持現有的政治秩序，是何等的嚴肅認真。

討論這場將會載入史冊的事件，先看背景。特朗普自從大選投票日之後兩個多月都不承認敗選，經過 60 次訴訟失敗後，仍然宣稱自己才是贏家。與此同時，美國各級政府按部就班走選舉制度的程序，最後一關是參眾兩院審議各州的選舉人票。歷來這個程序都是走過場的，因為各種文件已經得到確認。就在 1 月 6 日這一天，特朗普召集來自全國各地的支持者，到華盛頓集會。參與集會的民眾知道為何而來，當中有些是有組織的。治安當局也十分清楚來者不善，華盛頓警察在集會前夕逮捕了兩人：特朗普的鐵桿粉絲團「驕傲男孩」的頭目塔里奧，因為他焚燒「黑人的命也是命」的標語，而警察是否想打擊這幫人的氣焰，不得而知；另一名被捕的是非法攜帶長槍和手槍。反正涉事各方都清楚知道，這是一場有預謀、有組織的集會。

集會名為「拯救美國」，集會地點總統公園距離國會山莊走

路只需半小時，組織者預告，特朗普將會在早上十一點發表講話。帶有各種為特朗普搖旗吶喊標語和旗幟的參與者，早就在公園內雲集，從鏡頭所見，確實沒有看到像民兵組織成員帶着荷槍實彈的人出現，因為組織者早就宣佈，現場不准攜帶槍械。

參加集會的人都相信，特朗普未能贏得選舉，是因為選舉舞弊，特朗普的法律顧問朱利亞尼對在場已經情緒高漲的人說，那就以「戰鬥論成敗」（Trial by combat）。特朗普在講話中，再次細數對手如何以「非法手段」在幾個州「竊取」多少選票，台下的聽眾不時高喊「為特朗普而戰」。

這個時候，參、眾兩院在審議各個州的選票報告，副總統彭斯正在主持參議院的會議。特朗普在集會上講話時說：「彭斯要做的是，將選票報告退回州份重新審議，我們就可以當總統，您們就是最高興的人。希望彭斯會做正確的事情。」然而，跟特朗普拍檔四年的彭斯，沒有按照特朗普的指示去做。特朗普在講話結束前說：「我們需要戰鬥到底，您們不戰鬥到底，您們的國家就沒了」，「讓我們走到國會山莊，去幫幫那些軟弱的共和黨人，給他們所需要的驕傲和膽色，去奪回我們的國家」。

暴徒衝向國會山莊，跟警察搏鬥一輪後衝入議會大樓，大肆破壞，他們坐在主席的位置拍照，闖入議員辦公室將文件撒一地，不少人還得意洋洋地展示拿走的「紀念品」，也有抱着古人雕塑傻笑自拍。一幕比一幕荒唐，一幕比一幕放肆，他們在踐踏民主法制，他們在破壞秩序與社會安寧。冰凍三尺非一日之寒，能夠上演這一幕，是各種內外因素交織而成，但為何這場暴亂會被定性為叛亂？

暴徒的舉動，看似是「到此一遊」就「鳴金收兵」，但就在他們衝擊國會山莊的時候，正在進行確認選舉結果的程序要暫停，議員在保鏢掩護下到地下室躲避，受到衝擊的不是一個物理的議會大樓，而是一個正在按規定進行確認選舉結果的程序，而潛在的風險是確認選舉結果受到阻撓，選舉結果不能按時公告，拜登不能如期就任。

從這個推論去驗證特朗普在集會上說，他要求彭斯去阻撓確認選舉結果程序，彭斯不願同流合污，之後就有了暴徒衝擊國會山一幕，目的同樣是阻撓確認選舉結果程序，特朗普的動機，就昭然若揭了。這就能夠解釋，為甚麼兩黨的政要，異口同聲說這是「叛亂」，甚至是「政變」了。

美國歷史上唯一一次政變，發生在 1898 年北卡羅來納州威爾明頓市。當時距內戰後不久，黑人獲得了投票權，在這個人口一萬的小鎮，黑人逐漸成為工薪階層甚至開小店營生，但白人的幻覺是將會被邊緣化，白人至上組織甚囂塵上，揚言「殺掉足夠多的黑人，使剩下來的還不足以埋葬他們的同胞。」

當年鎮長選舉，白人至上組織持槍在主要道口攔截去投票的黑人，但獲得黑人支持的候選人還是當選了。白人至上組織殺了 60 多名黑人，把餘下的趕出該鎮，並宣佈他們推舉的人任鎮長，成功奪去了本來由民選產生的政府。

從今天的角度看，美國 100 多年前改變一個小鎮鎮長的職位，相比於埃及 2013 年殺害千多名穆斯林兄弟會成員將總統穆爾西趕下台的政變，以及 2014 年巴育將軍解散泰國政府，拘捕官員，自封總理；美國唯一的政變，連小兒科也算不上。怪不得

國會山莊被衝擊後，朝野不約而同說，這種事情，只會在第三世界發生，沒想到美國也會有此一劫。

即將就任總統的拜登對於示威者衝擊國會、威脅民選議員安全等行為表示，這不是示威，也不是表達不同意見（dissent），而是「叛亂」（insurrection）。參議院多數黨領袖麥康奈爾則稱之為「一場失敗的叛亂」。民主黨眾議院撥款委員會主席瑞安稱事件是「叛亂與企圖政變（attempted coup）」。還有一些政界人士提到煽動叛亂（sedition）。

叛亂與政變，是一個非常嚴重的違法行為，特朗普的言論含煽動成分無疑，如果衝擊國會山莊被判定是叛亂或者政變，特朗普就是觸犯了煽動叛亂罪名，可以按刑事條例起訴，而擺在眼前的是，民主黨人紛紛表示，特朗普的行為，足以構成彈劾。

政變是使用違憲的非法手段推翻一個合法政府，通常是使用暴力以達到取代現政府的目的。叛亂是使用暴力手段反對一個合法政府。美國政界人士，紛紛指責特朗普觸犯了叛亂，甚至是流產政變，提出的證據是，暴力手段有目共睹，關鍵問題是，衝擊國會山莊的時候，會議的內容是確認選舉結果，令正式當選的拜登可以在 1 月 20 日合法地就任總統。衝擊的動機與目的是阻撓這個會議的正常進行，後果就是確認程序無法完成，一個合法政府無法依憲如期成立。

特朗普的行為是否構成犯罪，由美國的司法機關和法院去判定，還要看日後的發展形勢。眼前的事情是彈劾特朗普的總統職務，這是美國的政治；從香港的角度看，是美國政界對於政權的看法，以及共和黨人對於特朗普的行為所持的態度。

美國是世界第一大國，其政府必須正常有效運作才能維持這個大國地位，憲法與其他法律也十分完備，政黨政治運作有一套成熟的做法與慣例。這個國家發生政變，簡直就是匪夷所思的事情，這也是國際特別關注的原因。而目前關於政變的說法，有多少是現實政治的操作，有待分析，但朝野與媒體都煞有介事的（地）說政變，實際上反映他們對政權的重視程度有多認真。任何絲毫改變目前的政治秩序或者共識的做法，都會不失時機加以譴責。

　　至於共和黨人的態度，他們大部分在選舉過後支持特朗普運用法律程序去質疑選舉是否存在舞弊，但各個州與聯邦法院都確認不存在舞弊，共和黨參議員仍然支持特朗普的，只剩下七人，他們也是循合憲程序在參眾兩院的確認程序中提出動議討論。到國會山莊受到衝擊後，這七名參議員也閉咀，而共和黨內的大佬麥康奈爾等，紛紛疾言厲色譴責，也有不少公開贊成彈劾特朗普。

　　共和黨人跟特朗普劃清界線，最起碼的是跟暴力手段撇清關係，目的也是要維持美國這套政治秩序和政黨政治操作的共識，否則，任何政黨也無法在政壇立足。香港的反對派，在暴徒 2019 年衝擊立法會之後，他們不但沒有譴責暴力，反而企圖為暴徒開脫，真的不知道他們是無知，還是要以改變政治秩序和政治操作的共識為目的。當暴徒已經將香港的治安大肆破壞之後，反對派仍然提出要組織各種行動，以癱瘓政府運作為目的，這不是叛亂是甚麼？

　　特朗普在政界及輿論的壓力下，也公開譴責暴力，並說那些違法分子將要付出代價，就連這麼一個瘋狂到最後的人，也知道

收手，起碼是公開表示會收手。香港的反對派，則是集體瘋狂到最後還不知收手，這就不要怪美國媒體拿香港暴徒衝擊立法會來說事，將來美國評價特朗普，會一致認為他是歷史上最差的一個總統；香港將來評價反對派在這幾年的行為，也會一致認為他們要對香港的淪落負責。

（原刊於 2021 年 1 月 11 日「中環一筆」微信平台）

後續：作者讀者互動喜與悲

這篇文章是第一次首發在網絡平台上，之前沒有在印刷媒體發表過。或許，是我的文章進入網絡時代的里程碑。

網絡時代早就開始，我在印刷媒體上發表的文章，以不同方式在網絡上轉載，在不同階段有不同的效果。寫文章除了稿費，不外乎閱讀量和跟讀者互動兩大滿足感。稿費收入當然有滿足感，但以我今天擁有的財富計算，稿費收入的滿足感已經微乎其微，原因主要是稿費很低，不是我的財富有多高。

寫政論文章為了表達個人看法，或者說是發表慾，衡量滿足感看讀者量。印刷媒體的讀者量主要看報章的銷售量，但也無從估計政論版面的讀者量，更加無法估計哪一篇文章的準確讀者量。現在稍微好一些，報紙也有網站，文章閱讀量有排名。

其實，報章早就掌握每一篇文章在網上閱讀的數量，網站剛開始的時候，《明報》論壇版編輯跟我說，以後會按照網上閱讀量來決定邀請作者名單，淘汰那些閱讀量低的作者。我立即向他抗議，這是報章的失責，是政論版編輯的瀆職。政論版的作用，是為不同政治光譜的論者發表對時局看法提供機會，讓讀者從不同的政見，看到政局的大圖畫，從而對大局有所判斷。在政治光譜分量低的作者，當然不能

跟政壇大咖比較，但也不能因為讀者量少而扼殺其發表的機會。況且，由於特定報章的主流讀者屬於政治光譜中的某一特定羣體，其他政見的讀者，在這份報章中的讀者量當然會較少，讀者量多寡不能說明特定作者的論述水平或者觀點的優劣。

《明報》論壇版繼續用我的文章，或許是因為要平衡政治光譜不同立場作者的數量，也可能是我的文章讀者量還未至於在淘汰之列。要估計讀者量，還得沿用最古老的方式，就是看回應。最高最大的回應，當然是文章主張的意見獲得採納，比如政府的政策包含了我提出的建議，這方面不能說完全沒有，從有些宣佈的政策中，可能看到某些措施間接或者部分跟我的主張有關，但不能排除很多其他人也有同樣的看法，機會很微但也不是沒有可能的是，政府官員也有我的識見。

政論文章最常見的是，政見不同的作者互相攻擊／反駁／批評，人在江湖，誰能不沾點腥。我最大的希望，當然是讓政見不同者改弦更張，但這是不可能的，反而有時會遭到反駁，自我安慰的解釋是，對方冥頑不靈，堅持錯誤；需要檢討的是，我的功力還不足以說服對方放棄他們的觀點。

政論文章水平高低，也不是爭論雙方可以主觀下結論的，讀者的看法更加重要。作者跟讀者的互動關係，幾十年來有所變化，雖然萬變不離其宗，我也樂在其中。在《明報》工作期間，撰寫「編輯室手記」，向讀者澄清新聞誤解、說明編輯原意，專欄能做到溝通無間，因為讀者主動來信回應

（當時網絡還沒有普及），即使是提出批評或者意見，都是就事論事。

後來我寫政論文章收到的意見就不一樣了，讀者的觀感看法，發表在網絡討論區。討論區是物以類聚的地方，讀者發表對我文章發表片言隻語的看法，並非完整和系統的討論，更多的是流於謾罵，最經典的是罵我「港奸」，而且是連帶把我是民建聯會員的身份一起罵，跟我的文章內容幾乎毫無關係。我是不看這些討論區的。所以，我跟這些讀者沒有互動，更談不上溝通。

現在報章網絡版刊載文章後面，都會提供讀者發表意見的園地，這是作者跟讀者交流最好的地方，如果是良性互動，作者的滿足感一定會很大。但很可惜，在這個園地發表看法的，來來去去還是那些有固定政治立場的讀者，他們很少會心平氣和去討論問題，間中有指出事實的失誤，已經是非常客觀了。那些給我起了外號，喊我「公公」，我從來沒有產生過情緒波動，因為我知道他們的情緒因何如此。至於那些說我是「深藍陣營的幹將」，深藍與否，是您們按照自身立場的判斷，關鍵是「幹將」的頭銜出自您們之口，而並非藍營對我的肯定，我何以為喜？

這篇文章首發在社交媒體上的小程序，能夠看到一天之內的讀者有 3,000 多人，參與討論的八個人當中，有兩個是我的朋友，每個評論旁邊都有顯示多少人 like，和多少人轉發。還有，我在社交媒體上轉發自家寫的文章，馬上會得到朋友的「心意」，偶或有些簡單的看法，這是跟讀者互動最全

面的資料，也是作者最大的滿足感。

　　能夠準確知道讀者量和跟讀者交流，當然是稱心滿意。有一次，在《明報》的文章發表後，得到 30 多個「讚好」，（一般只有 5-6 個），馬上問老總，可不可以加稿費，他只說了一句，「飛機師改行送外賣有 2,000 多個讚」，我就不好再說甚麼了。到目前，我的文章在社交平台，最高點擊量是 13,000 多個，雖然很多是我學生捧場，還是有點洋洋自得，後來給一個大一學生面試，他說他在社交平台上發表的文章，點擊率有 15,000 個，我之後再也不看我的文章的點擊率。

　　科技發達可以為作者與讀者的互動變得便捷有效，但同時讓那些帶着政治成見的讀者，從情緒出發，隨隨便便用粗鄙的文字發表一兩句政治口號，完全沒有交流的意圖，也達不到溝通的功能，還倒不如回到以前我只負責寫文章，讀者愛看不看的時代。無論喜歡與否，網絡時代已經來臨，開弓沒有回頭箭，如何令到政論作者與讀者能夠有效溝通交流，還在期待中。

網上邪教助選活動需警惕

美國總統特朗普的連任競選年初時還是「形勢一片大好」，處理疫情失當與經濟急速滑落將會如何影響選情，有待觀察。最近引起關注的一個網絡群體公開及暗中幫特朗普助選，「匿名Q」（Q Anon）經常發佈一些離奇荒誕的消息，諸如克林頓夫人希拉里、奧巴馬和索羅斯合謀搞政變，假消息不但有人信，特朗普及共和黨的議員參選人還公開表明支持。這種網上邪教組織，香港也存在嗎？他們在選舉中將會起到甚麼作用，值得關注。

美國「匿名Q」發佈假消息層出不窮

「匿名Q」始見於美國上次大選期間，2016年10月底在推特的一個帖文，聲稱紐約警局調查一個戀童癖組織，該犯罪集團還販賣兒童，帖文引述維基解密得到希拉里競選經理波特斯塔的電郵，特朗普競選團隊馬上「抽水」，廣泛轉發這個聳人聽聞的消息。特朗普曾公開說他當選後將會拘捕希拉里，將她送到監獄。

希拉里當然沒有被捕，很多人對該消息還是深信不疑；不但相信，還有實際行動。選舉塵埃落定之後，同年12月4日，男子韋爾奇帶上步槍和手槍等，開車580公里，到洩露電郵中提到的華盛頓一間薄餅店，準備「清剿」戀童癖組織的根據地，進去後發現這只是一間普通的薄餅店，光顧的都是正常的家長和孩子，於是棄械投降，後被判入獄四年。

「匿名Q」發佈的假消息層出不窮，包括金正恩是美國中央情

報局安排潛伏的傀儡領袖、德國總理默克爾是希特勒的孫女,這些謊言「無傷大雅」,但其他假消息則導致嚴重後果。2018 年 6 月,內華達州一名男子懷特,開了一輛裝甲車,帶了機關槍和手槍,到胡佛堤壩堵塞公路 90 分鐘,要求司法部公開一份對希拉里使用私人電郵信箱的調查報告。2019 年 3 月,紐約市男子甘美路,謀殺另一名男子凱里,因為他相信凱里是深隱政府(Deep State)的成員,他是為了保護特朗普才對凱里進行公民拘捕。

這些都是對「匿名 Q」羣組假消息深信不疑的激烈成員,他們甚至願意為此採取行動而成為獨狼式的本土恐怖主義分子。這也是現代社會最難對付的困境,因為「匿名 Q」沒有組織,Anon 是匿名的縮寫,至於 Q 究竟是誰,是一個人還是多個人也沒有定論。這個「匿名 Q」網絡羣組,只在不同的社交媒體上發表信息,信徒卻有萬千之眾,哪怕只有千分之一會採取行動,足以令執法當局頭疼不已。而更大的問題是,政府的高層中也有「匿名 Q」的信眾。

特朗普在白宮招待社交媒體 KOL 時,「匿名 Q」代表堂而皇之成為座上客,特朗普多次在社交媒體上發文引用「匿名 Q」的言論,「匿名 Q」的帖文經常跟特朗普的言論互相呼應,起碼有約 10 多名共和黨的國會議員參選人在選舉中公開支持「匿名 Q」。這些政客為了選票與「匿名 Q」互相利用,他們之間並非一定有組織上的聯繫。但問題在於,在美國這個民主政體有深厚歷史的國家,那麼多的不同層級的政客會利用這個「不明來歷」的社交媒體羣組,而且依靠發佈毫無事實根據,甚至明顯是編撰假消息的社交媒體羣組,竟然會引來萬千信眾。

香港社交媒體也充斥假消息

回到香港，社交媒體也充斥着各種假消息，最經不起推敲的是「8·31死人事件」，只要用常理推斷，都不可能相信不同政府部門眾多的人員會合謀殺害了很多人，還可以將所謂的事實隱瞞，這跟「匿名Q」現象在美國發生如出一轍，不但有人相信，還有人會為之採取激烈手段去繼續抗爭。最令人不齒的是有政客睜開眼睛說假話，目的除了為選票，相信還有更深層次的不可告人的秘密。

執法部門不容忍　媒體監督亦警覺

「匿名Q」的現象，危害社會安寧，第一個不能容忍的是執法部門，美國聯邦調查局早已對此展開調查，2019年5月30日發佈的情報公告備忘表示，將「匿名Q」列為本土恐怖主義威脅，因為以陰謀論引發的行動，有可能導致個人或有組織的極端分子採取犯罪或者暴力行動。該備忘還列舉多宗與「匿名Q」有關的拘捕個案。按照聯邦調查局反恐主管表示，本土恐怖主義威脅分為四種，與種族、反政府、動物權益和環境保護，以及反墮胎有關，而「匿名Q」是屬於反政府的類別。

除了執法部門嚴厲對付外，媒體監督也十分警覺，美國副總統彭斯在巡視一個軍事基地時，一名陪同人員在制服上貼了「匿名Q」的標誌，照片公開發表後，被媒體質疑，彭斯立即刪除有關照片。7月17日CNN報道，紐約市警察工會代表在接受霍士電視台訪問時，拍攝到工會主席穆林辦公室放置了一個茶杯，上面有「匿名Q」的標誌。大西洋月刊（*The Atlantic*）上月發表該刊

執行總編撰寫的長文，詳細分析「匿名 Q」現象的成因與影響。媒體高調緊密追蹤與「匿名 Q」有關的新聞，傳遞一個十分清晰的信號，主流社會不能容忍這種違反理性、違反法律的反智行為。反觀香港，我們對這種網絡邪教又做了些甚麼反制措施？

（原刊於 2020 年 7 月 21 日《明報》）

英國下政治決心清除危險分子

英國最近公佈了法庭將被譽為最危險的頭號分子安吉爾·仇達理（Anjem Choudary）裁定罪成的消息，與其說是最終找到了足夠證據定罪，不如說是經過 20 年的容忍，終於下了政治決心把他清除。香港近來也出現了危險分子，社會上一再忍讓，看來是「不是不報，時辰未到」，且看甚麼時候才是條件成熟。

英律師教唆支援被禁組織遭定罪

仇達理鼓吹要在唐寧街 10 號升起伊斯蘭的旗幟，在英國建立「倫敦斯坦」（「斯坦」是國家的意思），他身邊的追隨者很多都因為發起恐怖活動被送進監牢，而這名「精人出口」的仇達理，卻一直逍遙法外。兩年前以「教唆支援被禁止組織罪」被起訴，上月底被定罪。由於還有同類案件正在審理，法庭下令直到本月中才能公開報道。

現年 49 歲的仇達理是生於英國的巴基斯坦人，進大學攻讀醫科時，還是一名跟普通英國人沒有兩樣的青年，終日沉迷酒精與派對。一年醫科無法升級，聰明伶俐的仇達理轉讀法律，後來成為人權律師。按照仇達理的說法，他的醒悟是從遇到奧瑪·默罕默德這名恩師開始的，從此他走向另一個極端，認為世界上只有兩種人，相信與不相信伊斯蘭教的，而兩個世界是不可能共存的，因為相信伊斯蘭和不相信的兩種人威脅另一方的存在。

由於仇達理懂得法律，從來都是在法律框架下行事，他沒有

公開鼓吹過暴力，但也從來沒有譴責過暴力。BBC 形容他是一名煽動者，他鼓勵其他人為了執行共同的世界觀，不要為使用暴力而有所遲疑。他的追隨者對他言聽計從，Michael Adebowale 2013 年在兵營外謀殺衛兵；Omar Sharif 2003 年在特拉維夫企圖用人肉炸彈發動襲擊，後來在倫敦計劃策動街頭殺人而被判 12 年徒刑；Richard Dart 在巴基斯坦學習製造炸彈，曾聲稱要趁在阿富汗犧牲的英兵遺體榮歸故里通過皇家伍頓巴西特鎮時製造爆炸案，現在還在囚牢；Siddhartha Dhar 在 IS 執行斬首而聞名。這些人在犯案前都是在仇達理帶領示威隊伍中經常出現在他身邊的人。

未公開鼓吹暴力卻鼓勵不要遲疑

看到這裏，讀者彷彿已經看到香港「國師」以及「大狀黨」的影子，港獨分子領袖的追隨者也同樣有偏執的行為。這些人跟仇達理一樣，都是以思想自由、信仰自由作為幌子；所謂言者無罪，言論自由應該受到保護。英國的檢察官說恐怖組織之所以興盛和發展是由於有人支援他們，這是這宗案子的關鍵所在，不能以宗教信仰的權利混淆他們犯罪的事實。

仇達理是根據反恐法中教唆他人支援被禁止組織（伊斯蘭國）而被定罪的，雖然沒有證據顯示仇達理曾經參與恐怖活動，但按照反恐法的條文，任何人即使沒有以金錢贊助被禁止組織，但教唆他人支援，或者安排、組織或協助安排和組織有關活動，以及協助延續有關活動，都可以被定罪。仇達理被定罪的直接證據是，他被發現宣誓效忠伊斯蘭國。他是明知道有關言論將會使

恐怖組織被合理化並鼓勵他人支援這個組織，他利用社交媒體散播影響年輕人的言論，是證據確鑿的。

宣誓效忠伊斯蘭國證據確鑿

其實，仇達理組織和參加過無數的抗議示威，早已被蘇格蘭場盯上，他的追隨者一一被定罪，而幕後大佬卻可以繼續享受言論和集會自由，並不是警方無能，而是政府的姑息。英國政府也不是沒有採取行動限制這些威脅國家安全的行為，一再修訂移民法，最後在 2014 年通過修正案賦予政府權力，裁定某人因為無益於公眾利益而褫奪其公民身分，即對那些曾經做出嚴重損害英國至關重要利益行為的人，禁止他們以英國人身分返回英國。

公民權利在英國是頭等核心價值，賦予政府行政權力褫奪公民權更是有可能觸犯民主精神。執政黨之所以能夠通過有關法例，顯然是得到民意支持的。一個本來是反對法西斯的民間組織 HOPE not hate 發表報告稱，有證據顯示仇達理支持的一個伊斯蘭組織曾經發動幾百人到敘利亞參與恐怖活動，並且發現這個組織與全球多宗恐怖活動有關聯。

英國民間從來對於宗教自由、言論自由，抱有充分的包容態度，但當極端分子濫用這些自由而威脅到國家與人民的安危，他們也會挺身而出，支持政府採取更嚴厲的措施對付極端分子。英國朝野政黨，都是民主的支持者，不會冒大不韙而觸犯人權自由；但當國家安全受到威脅的時候，都會義不容辭捍衛人民的利益。而在一個法治國家，誰都要依法辦事。

然而，明擺着與仇達理有關聯的組織明裏暗裏支援恐怖活

動，而他還可以大搖大擺繼續組織發動示威抗議，還被邀請作為BBC 訪談節目的座上賓，政府對他的姑息，顯然是違反民意的。這次找到的所謂證據，只不過是仇達理實際罪行中較輕的一條，最高的刑罰是 10 年徒刑，但足以顯示政府對於清除仇達理影響的政治決心。

香港的港獨分子，無論在言論和行動上，要找到他們觸犯法律的證據，不應該有難度。這次立法會選舉限制了一些人參選，算是特區政府整治港獨分子的政治決心。但如果對那些威脅到香港整體利益、損害長治久安的一國兩制政制安排繼續姑息，則會失去民意支持。英國政府的舉措，不失為借鑑。

（原刊於 2016 年 8 月 20 日《明報》）

香港將步西方分裂分化後塵

英國脫歐，兩大政黨分裂，歐洲嚴重分化；美國大選與種族矛盾激化，社會內部分歧；澳洲大選執政與在野黨勢均力敵，差點出現懸峙國會；中美就南海問題激烈對抗。國際上風起雲湧，變幻莫測，香港也不可能獨善其身。國際社會愈亂，香港作為中美爭鬥的風眼，分化將會愈嚴重，但特區政府、建制派以及大部分市民將會更加走向跟內地融合，這是無可避免的趨勢。

國際風雲變幻莫測　港難獨善其身

英國公投，以微弱多數決議脫歐，令多少人跌了眼鏡，更令不少人後悔投了贊成票，國民之間處於撕裂，兩大政黨內部也陷於分裂，執政黨選出文翠珊為黨魁，總算順利出任首相。但她組成的新內閣，卻是危機四伏。脫歐派領軍人物約翰遜成為外相，增設脫歐國務大臣，由戴德偉出任，而內閣重要位置的財相由留歐派的夏文達出任。這些在公投動員期間拼過你死我活的政客，今後共冶一爐，在各種對內施政上有多大的分歧尚且不說，在脫歐談判上必然會同室操戈。

文翠珊在就職演辭上，着重強調：「我的黨派的名稱是保守與統一黨。『統一』一詞對我而言尤其重要。這個詞意味着，我們相信聯合──英格蘭、蘇格蘭、威爾斯和北愛爾蘭之間珍貴無比的聯合。」但在蘇格蘭獨立公投上充分動員的國會議員，這次一面倒支持留歐，而今卻留在一個脫歐的英國，獨立運動今後勢

必成為定時炸彈。

新一屆英國政府內外交困，國民之間的分化，將會使每一個政策都難以達成共識。

歐洲失去一個重要的成員國，引起連帶的影響是荷蘭和意大利紛紛萌生退意。德國的領導地位本來就已經被削弱，成員國離心離德，更將會成為整個歐洲發展的障礙。歐洲議會的爭拗也會加劇。

美國每逢大選都有一番爭鬥，但這個民主成熟的國家，兩黨競爭不會構成國家分裂。然而，特朗普作為政治素人異軍突起，其訴諸於民粹的競選手法，連性別矛盾也重新成為選舉話題。本來種族問題在過去多次選舉中一度不再成為議題，近年警察射殺無辜黑人事件接二連三，引發連串大規模抗議，黑人白人之間的撕裂比過去更甚。

美國總統奧巴馬在達拉斯五名被殺警察的喪禮上說，美國並非如我們想像般分裂。儘管奧巴馬企圖調和各種分歧，但美聯社在總統大選期間有一個「分裂的美國」（Divided America）系列報道，分別就美國不同階層、大城市與鄉鎮、代際之間以及白人與少數族裔之間的矛盾，一一羅列分析。

美國一份報章在達拉斯遇害警察喪禮的標題是「仇恨使我們更強大」（Hate has made us stronger）。美國淪為一個悲情國家，這是美國的事情；但美國在獨霸全球的巔峰位置中滑落，國民要求國家繼續保持強大的願望，勢必影響總統競選。可以預料，無論希拉里還是特朗普當選，都要回應國民這種訴求。而威脅美國保持「世界一哥」地位的只有中國，新一屆美國政府對中國愈加

強硬也就成為必然。

南海問題表面上是菲律賓挑起，實質上是中美爭鬥，美國的「亞洲再平衡」就是因為美國主導亞洲的地位因為中國崛起而失衡。這次仲裁鬧劇將以不了了之告終，但中美爭鬥則會不斷在不同地區以不同形式持續。

中美爭鬥會在不同地區以不同形式持續

中國早就預料到這個世界新格局變化的到來。本屆政府採取積極的手段應對美國減少對中國投資、限制經貿往來的影響，「一帶一路」以及設立亞投行等做法都是開闢新經濟增長點的措施，但也無可避免在美國原來的勢力範圍產生衝突。

在中國步步緊迫的形勢下，全球每一個角落都會重新審視在中美爭鬥中選邊站的立場，而且會不斷引發進進退退的矛盾做法。英國率先加入亞投行成為發起國，引起美國不滿，這次對華態度友好的前財相歐思邦被踢出內閣，就是這種進退失據的表現。菲律賓總統換屆後不再聽從美國指揮棒則是另一種表現。這些變化都取決於中美之間勢力此消彼長而不斷洗牌。

香港從來都是處於中美爭鬥的漩渦。回歸前殖民地政府要配合英國跟美國聯盟的利益，回歸後董建華企圖斡旋中美關係，香港暫時得以安寧；曾蔭權模棱兩可的態度也取得苟安。但梁振英政府配合國家發展策略觸怒美國，香港發生佔中以至獨立思潮，也就不奇怪了。

香港有不少人認同美國式民主，甘願為推銷美國式民主而不惜跟中央對抗。這種根深柢固的想法一時間不會消失，他們自然

會選邊靠美國站。但即使沒有中美爭鬥，早在回歸前就有相當一部分市民認同國家，回歸以後所形成的建制派積極配合國家發展策略，在經濟與文化上跟內地融合，這是大勢所趨。現在出現的問題是，在中美爭鬥愈演愈烈的情況下，整個社會如何取態。

香港被迫選邊站　社會將進一步分化

一面是政治經濟都處於分裂狀態的西方，以及逐漸從巔峰地位滑落的美國；一面是從冒起到崛起，以及可以預料在將來不斷繼續強大的中國。香港還可以如何選邊站？將會出現的情況是經濟文化不斷加強跟內地融合，但有一小撮人繼續認為美國式民主適合香港以至全中國，堅持拒絕與內地融合，甚至另闢蹊徑搞所謂獨立，雖然是螳臂擋車，但社會進一步分化也是可以預期。這種狀況持續下去，就會步西方分裂的後塵，以至沉淪也未必不是不可能的事情。

（原刊於 2016 年 7 月 16 日《明報》）

第五章

誰是「毀人不倦」的教師？

「鴉片老師」帶頭發動新鴉片戰爭

筆者讀中學的時候，英文教科書將鴉片戰爭說成是貿易戰，這是港英政府用英國的觀點與角度來詮釋歷史，給學生洗腦。而今的教師，竟然將鴉片戰爭說成是英國幫中國人禁煙，以謊言來給學生灌輸錯誤的觀點。這個「鴉片老師」當然不是無心之失，而教育界立法會議員葉建源包庇護短，更是別有用心之舉。

英國人認為鴉片是商品，中國不讓這種利潤超高的商品貿易，就發動戰爭迫使中國「開放」，他們沒有將這種強盜邏輯偽裝，也沒有編造事實去掩飾其醜陋面目，反而厚顏炫耀其匪性；第二次鴉片戰爭下令火燒圓明園的英國殖民官伊利近（James Bruce Elgin），香港的伊利近街就是以他命名；不但在宮廷大肆搶掠了各種珍寶，還把一條狗帶回英國獻給王室，並將狗命名為Looty（劫掠）。

筆者 15 年前到過英國布里斯托（Bristol），在大學旁邊的街上，看到一間餐廳的名字是 Opium Den（鴉片煙竇），當時沒有去深究餐廳老闆的心思，或者他祖上是不是鴉片煙販。英國朝野在歷次侵略戰爭和佔領殖民地當中，獲得巨大的利益，才不管誰被鴉片荼毒以及生靈塗炭。

鴉片教師在給小學生上常識課時稱：「英國發現當時中國很多人吸食煙草，情況相當嚴重，想要消滅鴉片這種物品，所以發動鴉片戰爭。」

這個由於上網課無意中被家長發現的驚人教材，對學生的危

害程度可能比新冠病毒還要嚴重，因為病毒可治，毒癮難戒。但還有人主張調查這名教師是否無心之失，這還用查嗎？無心之失是因為教師面對不同的歷史史實與觀點，未加考證，錯誤地引用其中一個可能已經被證實是錯誤的史實和觀點。但鴉片教師「毀人不倦」的謊言與觀點，從任何書籍和論文中都找不到，肯定是他的大膽臆想，不可能是無心之失。

鴉片不是一般的煙草，更不是一般的物品。中國人吸鴉片問題嚴重，是林則徐發現並下令銷煙解決，英國人販賣多少鴉片到中國賺了多少錢，難道還要發現嗎？荒謬之處已經被一一揭穿，至於這個鴉片教師的心路歷程，目前還未見公開，反倒是為他開脫的主張，急不及待地跳了出來。

教育界立法會議員葉建源稱，（該名）教師教學內容明顯有錯，違反史實，相信屬個別情況，而學校已道歉及展開調查，事件應告一段落，但有些政界人士把一名老師的錯誤說成是普遍老師、學校，以至整個教育界的問題，絕對是以偏概全，極不公允。

新聞報道引述葉建源 94 個字的聲明中，承認錯誤的僅有 8 個字，這種態度相當於在說：「我有錯，我自隊酒三杯」，跟港台總編輯梁家榮致員工書中的陳述態度沆瀣一氣。從整段聲明的意思看，承認錯誤一筆帶過，關鍵是後面連消帶打的說明這只是個別事件。

鴉片教師事件是個別事件嗎？嘉諾撒聖心書院通識教師賴得鐘在社交媒體上將頭像換成「黑警死全家」，真道書院前助理校長戴健暉在社交平台上發表咒罵警員的言論，包括「祝福」警員的子女「過唔到七歲」，教育局在輿論壓力下，輕描淡寫的給這兩

名教師發了譴責信，僅此而已。

但葉建源還是認為這種懲罰過於嚴苛：我們留意到他們（兩名教師）說的時候，其實都是在一些社交媒體上，並非在課堂上說，他們亦都表達了歉意，所以在這種情況下，我們覺得不需要用一個非常嚴厲的方式處理，其實我們覺得過於嚴苛。

給這些發表極端仇視言論的教師網開一面，嚴苛了嗎？縱容的後果是其他教師愈演愈烈，鴉片教師之所以斗膽創作，難道不是因為有人撐腰嗎？其實，教師在課堂內外給學生灌輸極端的政治觀點，那是政治問題，而這些人是否有資格當老師，是教育問題。教師的職責是引導學生獲得正確的知識，發表仇視警察的言論，以及歪曲歷史給學生洗腦的教師，跟教育的宗旨背道而馳，也就沒有資格做老師。

而香港極度不正常的情況是，像主張「黑警死全家」這樣惡毒心腸的賴得鐘，不但可以繼續當老師，還當選為教協新一屆的權益及投訴部副主任。這就應驗了葉建源所說的，不能將個別教師的行為以偏概全地說成是教育界普遍的問題。全港最大的教師組織裏頭，當選要職的「重要」成員並非個別，難道不是教育界的問題嗎？

英國人毫不遮掩其強盜邏輯，為甚麼 180 年後卻有香港的教師去為英國人掩飾侵略中國的醜惡呢？唯一的解釋是有人以為可以發動另一次鴉片戰爭，目的是為了「割讓」香港，不是給英國，而是給港獨。英國有船堅炮利，對手是心口那個「勇」字都褪色的弱兵，而港獨分子手中只有見不得光的「毒藥」，所以將這些「毒品」淡化成「物品」，偷偷摸摸在課堂上左閃右避地這裏灑一

點，那裏塞一點，最終目的是要所有中小學生都對他們的毒品上癮，然後邊吸食毒品邊上街扔汽油彈。我們還要忍這些鴉片教師到何時？教育局是否又是給他發一封譴責信了事？

（原刊於 2020 年 5 月 12 日《明報》）

後續：避免筆戰並非反駁無據

本文譴責「鴉片老師」，當中指摘立法會教育界議員葉建源包庇鴉片老師，遭到葉建源反駁（刊於 5 月 20 日《明報》），還指名道姓跟我商榷。被人指着鼻子罵，有血性的男兒，哪有不捋臂將拳的。我選擇「噤聲」，並非缺男兒氣概，而是秉承過去做編輯的標準，避免在報章版面上出現筆戰。編輯應該給被指摘一方回應的權利，但沒有道理要求讀者看兩人來回吵架。所以，一般的處理辦法是，一篇罵人的，被罵的可以回應，僅此而已，雙方息怒。

寫政論文章當然得有怒火，對於荒謬且不公義的事情，要無情地鞭撻，更需要一點火氣，直到荒謬回歸合理、公義得到伸張，才會息怒。不打筆戰是一個原則，其實，到了 2020 年 11 月，教育局終於將這名鴉片老師的教師資格註銷，俗稱「釘牌」，我完全可以發動另一場指控。然而，我也沒有這樣做，倒不是要放過葉建源一馬，而是為了寫政論文章的另一個原則。

這篇鴉片老師的文章中，目的是揭露香港教育專業人員協會，以及代表教育界的立法會議員，長期以來持續縱容、包庇多名給學生上毒課的港獨老師，我覺得我在這篇文章的論點清晰、論據確實，讀者已經理解我要表達的看法。

如果選擇另一個時機再寫一篇文章表達同樣的觀點，寫

稿的原則是，沒有新鮮觀點就不會寫。更加不會因為 11 月教育局有了決定，而去證實我 5 月文章的觀點是正確和有先見之明，這樣攞彩（邀功請賞）的事情，非有識之士所為。

　　況且，吵架也要找旗鼓相當的對手，我是開宗明義、理直氣壯譴責葉建源，而他在商榷的文章中，第一段是罵政府，第二段「例如阮紀宏先生在 5 月 12 日的《明報》專欄發表的文章，點名本人對錯誤教授鴉片戰爭歷史的小學老師『包庇護短』，甚至『別有用心』，便顯得非常奇怪。」我只是他文章中的例子，人家舉例您還罵人，我不幹失儀的事情；至於他對於我的指摘，只是覺得奇怪，我怎麼好去回應人家我「不奇怪」呢？

　　就這個議題真正應該多寫一篇的，是譴責教育局。《明報》報道：局方認為，該教師未有小心、認真、詳細閱讀及理解相關教材及資料，沒嚴肅準備錄製自學課件的講稿內容，「只憑自己個人輕率的、甚至完全無稽的想法來教導學生」。

　　這是該教師未有小心、認真、詳細理解教材嗎？我在鴉片老師一文，清楚指出，該名教師的說法，「從任何書籍和論文中都找不到，肯定是他的大膽臆想，不可能是無心之失」。而教育局以這個理由吊銷該名教師註冊資格，恰好給教協一個口實，說「以往未見有人因教學能力遭取消教師註冊」，教育局此舉，有怕得罪教協之嫌。

　　對於教育局的怒火，我至今仍未止息。順帶回應葉建源的指控，我並非建制派中為教育局護短的文人。

放不下安靜書桌
大學何以做貢獻

　　香港多所大學遭黑衣人肆虐，校園不靖，無法培養人才，如何為社會國家發展做貢獻？

　　香港科技大學校長史維教授本月6日與學生舉行公開論壇，席間有中國內地生集體離場，但被香港學生阻攔。一名內地生在保安員的護送下，在眾目睽睽下仍然被蒙臉黑衣人毆打受傷，事情擾攘近一個小時，該名內地生才能被送到安全地方。

　　兩天後科大舉行畢業禮，進行期間證實科大學生周梓樂離世，校長提前離開。憤怒的學生也開始大肆破壞，校長官邸、美心酒樓、中國銀行和內地背景的教授辦公室被「風捲殘雲」。出席畢業禮的內地生及家長在恐怖氣氛中逃亡，大家在社交媒體上互道「保重」，他們抵達深圳後，紛紛表示終於能回到安全的環境了。

　　一批科大教職員給校長的聯署信表示，「一大羣科大暴徒在校長面前和鎂光燈下，向另一學生執行私刑」，但校方沒有採取即時行動處理暴力行為，對此感到失望。事件還罕有地引起國家機關的注意，中聯辦發表聲明，呼籲在港讀書的內地生注意安全。其實，科大的學生和老師可以到法庭告校長史維，因為他作為一校之長，目睹他的學生被人毆打，而沒有採取適當手段去制止，而且警察接到報警後已經到達學校門口而被拒門外，校長應

被告公職人員失當行為。

　　美國的一宗案例或許可以引以為鑑。位於美國華盛頓州的長青州立大學只有 3,300 名學生，年前卻發生一宗轟動的事件。該校有一個很特別的傳統，每年的 5 月 16 日是「缺席日」，有色人種學生當天在校園外聚集，討論各種議題，讓大學其他人感受他們的缺席對學校帶來的缺失。這個傳統在 2017 年被顛覆，有色人種學生提出訴求，「請」白人學生和老師在「缺席日」離開校園，讓他們變缺席校園為出席。一名教授韋恩斯坦提出反對，因而遭到很多學生的抗議，譴責他是納粹分子和種族歧視，並在他的課堂連番鬧事。學校沒有為他提供足夠的人身安全保障，導致他要在校外上課，韋恩斯坦狀告學校失職，最後訴訟庭外和解，學校賠償他 50 萬美元，韋恩斯坦則辭職。

　　學生是否告史維校長是後話，眼前是在校園內止暴制亂，大學都停課三天了，學生在校園內跟警察進行攻防戰，警察退守後，學生走出校園對公共設施進行破壞。這是一個顛倒的時代，校長的職責本應是引導學生在遵紀守法的情況下自由探索，目前的情況是，學生無法無天地搞破壞而要求學校保證他們的自由。

　　這些都是校長的另一種失職，中文大學校長段崇智跟學生閉門對話，聽了 20、30 個學生訴說被捕經歷後表示，「同學的每一句說話都打進我的心坎裏，讓我非常的痛心和難過」。一個大學校長，聽了學生一面之詞之後，便立即感動得去信特首要求跟進，並為學生打保票，學校的律師會 24 小時為他們候命。

　　浸會大學校長錢大康，每有學生被捕，都會第一時間跟進，並發聲明要求警方公正處理，以及解釋為何使用過度武力，但暴

徒學生在砸爛校長辦公室後跑到新聞系，用粗言穢語高聲辱罵老師，校長卻沒有發聲明，慰問受到「文革式公審」的老師。

不清楚究竟大學校長是在「討好」學生，還是圖僥倖實行綏靖政策，得過且過。他們的不作為，領導大學的校董會看不過眼，八大校董會主席發表聯合聲明：大學的至高責任是為每一位持份者提供安全的學習和交流意見的環境，不應有人感到被欺凌或威脅。每個人都有權利充分表達意見，但大學校園或任何其他地方都不容許有任何形式的暴力行為、粗暴言語和無禮行為。尊重大學財產是所有大學成員的基本責任。塗污、破壞財產是違法行為，無法容忍。

香港 5 個多月的暴亂如何發展下去，難以逆料，可以肯定的是聲明已經對暴徒學生不起任何作用。可是，大學管理層也不能任意讓情況惡化，大學是香港社會的一個重要部分，大學生是這次暴亂的主力，解決不好，整個香港永無寧日。更大的問題是，香港之於國家，能夠做貢獻的範疇愈來愈少，大學為國家培養人才以及提供科研成果作為經濟發展之用，是香港具備獨特條件去做的，但現在各大學的恐怖氣氛，內地生還是否願意來港讀書也成問題，目前在香港教書和研究的、有內地背景的學者是否願意留下來，也成問題。即使內地生不來，海歸學者離職，香港的大學也要培養本地學生，為香港社會和國家發展做貢獻，這一條最基本的都做不到，他們憑甚麼領取每年 200 億港元（折合約二十五億六千四百萬美元）以上的資助。

（原刊於 2019 年 11 月 24 日《亞洲週刊》）

香港喪失為國家培養人才資格
茲事體大

香港浸會大學學生佔領學校語文中心，抗議普通話考試作為畢業要求。事件損害浸會大學聲譽，更嚴重的是影響香港作為為國家培育學生的基地的聲譽。今後從內地來港就讀人數減少，香港為國家培養人才的功能打折扣，香港還剩下甚麼可以對國家做貢獻？

學生突襲超出抗議表達範疇

回歸後首任行政長官董建華大力推行的兩文三語政策，整體成績如何，有待分析，但中小學生的普通話水平的確有了長足進步，相信沒有人會懷疑這個政策對香港未來發展的好處。至於如何在大學落實，可以有不同的考慮。浸會大學採取要求學生在畢業前必須達到某種水平，是一種制度性的安排；即使有不足的地方，可以逐步改善。學生對這個要求有不同意見，學校有完善的渠道讓學生表達意見。部分學生以突襲方式、粗暴的手法抗議，而且在抗議過程中使用暴力的手段與語言，威嚇老師，本身已經超越了抗議表達意見的範疇。

香港八所公立大學，學術水平甚高，成為很多內地生趨之若鶩的升學首選學府，過去甚至有很多省狀元棄北大、清華而來港升讀。回歸以後，為內地培養超過二萬名本科生和一萬名博士

生，可謂功德無量。而今這些畢業生在內地各行各業營生，或已晉升管理層，拓闊了香港的關係網。其中無人飛機和無人飛船兩大創新行業，都是科大畢業生的傑作。更多的博士生在大學擔任教學和科研，成為表表者。

來港內地生的數量，長期以雙位數增長，然而近年增幅放緩。

內地生來港就讀大學各種學位的人數，在未來很長時間都會保持相當數量，因為香港院校仍然保持高水平；另外還有較高的獎學金，讀研究型的碩士和博士還有生活津貼，對很多學生來說還是相當吸引的。即使增幅有所放緩，還不至於大幅下降。但目前申請人數與錄取人數的比例已經收縮，過去能招到最高水平的學生，目前已經有所下降。今後能招到甚麼水平的學生？這才是值得擔心的問題，這將影響到畢業生本身的發展空間，也會影響到他們在香港所做的研究今後如何跟香港的學府延續擴大的問題，又或者在創新科技方面在哪裏應用的問題。如果當年「大疆」無人機選擇以香港為基地，這對香港是何等的貢獻？

香港並不追求學生人數的增加，生源多元化所帶來的文化碰撞，對大學和學生都有裨益。內地生選擇來港讀書，教育質量當然是首選，但起碼要對這個地方有好感，不排除畢業後留下來工作，或者懷着留下來工作甚至移民此地作為前來讀書的目的。

無論選擇來香港攻讀任何一個級別的學位，無論懷着甚麼教育以外的目的，都希望能夠在讀期間高高興興，跟本地師生和睦相處。然而，最近幾年來的內地生，在踏足香港之前，先聽到的是「佔領中環」、「香港獨立」等政治運動的消息，知道很多學生稱呼內地人為「蝗蟲」，反正是極其不友善的態度。內地生跟鼓

吹「香港獨立」的本地生爭論的視頻，在內地流傳甚廣。

　　這次浸會大學一小部分學生不滿普通話的畢業要求，內地生普遍認為，遇事不改進自身能力，而是以哭鬧去爭取——不但哭鬧，還以粗鄙的語言和粗暴的肢體語言辱罵老師，對此多嗤之以鼻。香港本土學生在網上表示「寧為美英廢青 不做強國精英」，內地生對於有人立志做「廢青」不做精英感到簡直不可理喻；至於美英與「強國」之間的選擇，如果這些人真的到美英做「廢青」，為香港和國家減輕負擔，也應該是愛國的表現。但問題是他們不想做「強國精英」，這是您們想做就做得到的嗎？

敵視心態窒礙融入主流社會

　　內地生與本地生之間的鴻溝，大家都盡量避免接觸，以免陷入爭論；但避而不談就會影響溝通。試問內地生來香港讀書，不跟當地學生往來，如何能夠了解香港與香港人的真正想法？內地生自成一國、自得其樂，但香港生對此也會看不慣，加深了界限分明的無形中隔閡。

　　外來學生在學期間不融入當地社會，也是無可厚非。但問題是這些內地來的學生，有些畢業後會留在香港工作，他們無論在外資公司或者國企工作，本身就有條件繼續跟內地人一起享受有意或無意間製造出來的次文化圈生活，仍然沒有意圖融入香港主流社會，當然也不利於社會的團結凝聚。

　　香港的大學資源豐厚、師資力量強大、對外聯絡頻繁，從硬件上具有為國家培養人才的良好條件；但在軟件方面，很多學生對內地生存在敵視心態，並且不時有衝突。這樣的環境，雖然不

會影響內地生來港人數的大幅下降，但他們在港攻讀以及畢業後留港工作，都沒有主觀意願和客觀條件融入香港主流社會，則成為培養人才的一大缺失。所培養出來的人才對香港存在偏見，更加不利於日後的正常交流。

（原刊於 2018 年 1 月 30 日《明報》）

港大未來需要甚麼樣的校長

香港大學校長應有令香港融入國家發展大局的歷史使命，而新校長張翔強調推動香港與中國大陸的合作。

香港大學這個「是非之地」選出一位新任校長，輿論討論的焦點是他的「中國內地出生」背景，張翔本人的背景是否為合適人選當然可以深入討論，但更深層的問題是，將來選擇香港的大學校長應該以甚麼為標準，甚麼樣的人選將會更加合適。

香港大學這間百年老店已經有過 15 位校長，簡單劃分為殖民地前期和後期、回歸後三個時期。1972 年以前的殖民地有過10 位校長，他們都受過良好的教育，牛津和劍橋畢業的居多，但由於兩次世界大戰，所以有些校長多多少少跟軍人扯上關係，有的本來是軍人出身，有的是被封軍人身份，比如二戰後臨危受命重建港大的賴廉士，原來是港大醫學院院長，積極參與義勇軍，戰時被日本佔領軍俘虜，後逃亡重慶，被封上校，服役於英軍服務團。而大部分校長都跟殖民地事務有關，第一任校長儀禮（Charles Eliot，1912 年－1918 年在任）任港大校長前是殖民地官員，自港大離任後任外交官；史樂詩（Duncan Sloss，1937 年－1949 年在任）來港大以前曾長時間在另一個殖民地印度教育部門任職；樂品淳（Kenneth Robinson，1965 年－1972 年在任）則曾經任職英國殖民地部。

在那個時期，香港大學除提供優質教育外，就是培養出眾多的殖民地管治需要的人員。很難說這是港大校長的使命，但起碼

結果是這樣，在港大長時間以來是香港唯一的大學期間，當然是這樣，就算是香港中文大學 1963 年成立以後，廣泛流傳的說法是，中大畢業生考上政務官（AO）的可能性微乎其微，港大能夠「壟斷」政務官體系，不能說明港大與中大的教育質量的差異，而是在於整個大學的培養系統以及學生之間的態度。港大校長（幾乎肯定是行政局成員）在這種特定的時間與空間，只是做好一個總督的輔助角色而已。

1972 年起出任港大校長的黃麗松（1972 年－1986 年在任）打破了由英國人任港大校長的傳統，是第一位華人港大校長。雖然黃麗松在香港讀中學、大學，但從二戰勝利後赴英國讀博士，到後來在馬來西亞任職大學教授和校長近 20 多年，以其經歷與視野而言，將他分類到華人比港人更為貼切。如果再看他的繼任人王賡武（1986 年－1995 年在任）的背景，將殖民地後期和回歸前的港大兩任校長歸納為華人校長，就更有說服力。王賡武生於印尼，在馬來西亞長大和受教育，在英國取得博士學位，出任港大校長前曾在馬來西亞和澳洲任教，而他的研究範疇是華人社會。

港大的兩任華人校長，不能說他們將港大的使命和師生目光擴大至整個華人社會，但黃麗松出任香港《基本法》起草委員、諮委會副主任，王賡武致力於港大跟內地大學交流合作，不知道這些跟當時港大學生會給總理趙紫陽寫信，贊成香港回歸，有甚麼必然或偶然的關係，起碼港大師生不會像以前般狹隘地局限在香港的彈丸之地和殖民地心態。

回歸以後的兩任校長鄭耀宗（1996 年－2000 年在任）和徐立之（2002 年－2014 年在任）都是港人。鄭耀宗在港大畢業，長期

在港大任教。徐立之在內地出生，在香港接受教育至碩士，雖然在美國取得博士學位後長期在美加工作，但沒有人質疑他的港人身份。

港人任港大校長，不能以此作為港大必然走向更加本土的因素，同樣不能以此作為港大必然會跟內地更加疏離的因素。相反，這兩位港人校長的任內，港大跟內地的交流與合作有增無減，目前港大八位具有內地兩院院士頭銜的學者幾乎都是港大的畢業生，「香港大學千人內地交流計劃」也是始於 2012 年。

即將上任的第 16 任港大校長張翔強調，他將建立更加國際化的合作研究計劃，他有良好的內地人脈關係，可以在建立團隊和研究項目方面，促進跟內地大學的合作。雖然這些作用不是內地出生學者的專利，是土生土長的港人也可以並且應該擁有的特質，但關鍵是擁有令香港融入國家發展大局的歷史使命的心態。

對其他學府有垂範的作用

香港的發展方向必須逐步跟國家發展大局融合，一帶一路、粵港澳大灣區、人民幣國際化等等，都需要香港的大學對此進行學理的研究、提出和解決問題的分析以及培養學生對上述議題的關注，從而影響他們的就業規劃和研究興趣，培訓學生的技能和視野。港大作為香港的最高學府，對此責無旁貸，甚至應該對其他學府有垂範的作用。香港其他的大學校長，無論是內地出生還是香港出生，都應該以此為使命和歷史責任。

（原刊於 2017 年 12 月 31 日《亞洲週刊》）

競爭激烈導致基礎教育界
無人大代表？

　　港區人大代表自公開選舉以來，這一屆是競爭最激烈和最具戲劇性結果，基礎教育界雖然有兩人參選，但結果雙雙落敗，令幾乎所有人跌眼鏡。究其原因，有競爭空前激烈的因素，有選民結構更加傾向商界的因素，也有配票策略的因素。36 名港區人大代表當中，知識界別的比例進一步萎縮，是否符合「新時代」的需求，也值得探討。

　　港區人大代表選舉有令人詫異的結果，競爭確實激烈，其一是候選人員素質十分高，他們都有良好學歷背景，在商場中長袖善舞，或在政壇舉足輕重，或兼而有之，在公眾的認受性有所提高，在各自界別的聯繫基礎也廣泛深入。有些候選人明知道自己不在「祝福名單」，仍然積極拉票到最後一刻也不放棄，這種情況是過去少見的。

商界和知識界中選率差異　值得深究

　　競爭激烈在每一次選舉或者每一個界別都會出現，但從候選人數與中選率比較，這次人大代表選舉，不同界別的中選率出現結構性差異。政界候選人中選率一向偏高，或者說理應偏高，因為每一個政黨或者地區組織都會事前協調好參選代表，不會浪費彈藥或者出現「鬩牆之爭」。然而，這次商界的中選率之高，和知識界的中選率之低，就值得深究。

商界人士參選意欲特別高，可能跟人大代表這個身分在內地有很大的影響力有關；而且香港的商人，有中資的，也有私人企業，有不同省籍的，都需要照顧，這是中聯辦的考慮點。但是否能夠當選，取決於選民的投票取向。這次選舉，選舉會議成員一共 1,989 人，比上屆多了 369 人，當中是否存在傾向商界利益的選民比例比其他界別高出很多，要進一步嚴謹分析。但從表面現象看，商界候選人的中選率確實很高，26 名爭取連任者當中，商界代表成功率高可以理解。新當選的 11 人當中，7 人來自商界，這就不能不說商界的比例確實是偏高了。

　　港區人大代表名額只有 36 名，這是回歸以後才增加到這個數量的。但自上屆至今香港人口增加了 20 多萬，為何沒有增加人大代表名額？人口增加了，名額卻沒有遞增，是有問題的。對於商界代表比例是否過多，現在提人大代表名額是「馬後炮」；同時，比例的問題也可以循另一種途徑解決，就是委任商界人士當全國政協委員，勸退部分代表，以提高知識界代表比例。

基礎教育界無代表　情況不正常

　　這次選舉結果，高等教育界有兩名代表，包括連任的黃玉山和新當選的科大副校長朱葉玉如，但基礎教育界的兩名候選人黃均瑜和何漢權，則屈居得票第 38 和 39 位而落選。先不說為甚麼他們會敗選，基礎教育界沒有代表的情況下，第一是不正常的，自從 1975 年開始有港區全國人大代表，基礎教育界穩居一席，而且都是老牌愛國學校或者教聯會負責人出任。代表教聯會的楊耀忠退休，黃均瑜替補，即使不是金科玉律，也是理所當然。何漢權在基礎教育界活躍多年，是教育評議會主席，教育界多一個

代表，肯定是好事。

判定好事與否並非主觀，而是按照全國人大常委會副委員長王晨在出席主席團會議上的講話作為標準的。他說：「香港全國人大代表應身體力行這『四個帶頭』，做支持特別行政區行政長官和特別行政區政府依法施政的表率，做搞好團結、維護社會和諧穩定的表率，做關心青年的表率，做推動香港同內地交流合作、促進兩地共同發展的表率。」

可預料推愛國教育將受大打擊

支持特區依法施政與促進香港同內地交流，是港區人大代表的固有任務；新增的是團結、維護社會和諧穩定，以及關心青年。雖然說商界代表都有責任和能力做到上述四個任務，但基礎教育界在新增的兩個任務中，任重道遠。全港從事基礎教育的有約 5 萬名職工，和逾 60 萬青年。這部分的工作，非基礎教育界的代表莫屬，甚至是高等教育界的代表也未必能夠勝任的工作。而恰恰這兩部分的人口，對於社會穩定和和諧，近年都出了大問題，都十分需要教育界的代表，從全國利益的角度，在香港大力推行愛國主義教育。而今代表席位旁落，這方面的工作今後將會受到很大打擊，是可以預料的。

知識界的代表比例，總體上從上屆的 6 名下降到 5 名；就連中聯辦不派出候選人，空出一個席位，也都給商界吃掉了。這種結果，恐怕並非競爭激烈那麼簡單，而是有更深層次的原因，而且影響深遠，值得繼續深入探討。

（原刊於 2017 年 12 月 22 日《明報》）

五大爭論未清　何來歷史定論

　　甚麼是歷史？教甚麼歷史和如何教歷史？從來在任何社會都是敏感問題，香港目前處於從來沒有過的敏感時刻，中史課引發爭論自是必然。但目前的爭論好像沒有對焦，跟其他議題一樣，不同政治光譜的人都在自說自話，最後必然又是沒有結論；即使有了結論，到實施起來還是會引發街頭抗議行動。如果這就是香港的宿命，也應該記入史冊。

爭議一：專業諮詢還是公眾聽證？

　　現在進行是「修訂初中中國歷史及歷史課程專責委員會（中一至中三）」向公眾諮詢。說是公眾，但課程委員會要決定的是為教師設計的課程綱要，真正的諮詢對象應該是準備教這門課的老師。他們的意見應該是從將來如何教、課時與內容的比例是否恰當，這些專業意見對於課程委員會十分有用。

　　公眾並非這個課程委員會的真正諮詢對象，因為政黨或者公眾從政治出發的意見，只能由教育局或者更高層去處理。

爭議二：學術爭論還是政治爭奪？

　　歷史學有嚴謹的要求，如何對待史料、史觀等，是學術問題，不容非學術的政客說三道四；至於以編年史來教，還是應該按照初中生的水平以地理歷史學來教，是教育問題。現在公眾提出教甚麼不教甚麼的意見，都是政治立場的爭論，甚至提出是政

治宣傳還是教育的爭論。如果大家承認這是教育的問題、是學術的問題，為甚麼不留給學術界和教育界來討論？非要把問題政治化，由政黨來決定教育問題，難道沒有危險嗎？難道不是對學術的打擊嗎？

如果非要把教育問題變成政治問題來處理，負責教育政策的是政府，為甚麼要把教育範疇的問題變成政治問題？為甚麼把一門學科的一個小章節放大成你死我活的政治爭鬥問題？

爭議三：中國歷史是不是中國人的歷史？

1967 年香港發生的社會騷亂，究竟應該是「六七暴動」還是「反英抗暴」？「六七暴動」是港英政府的定性，「反英抗暴」是中國人的定性。香港中學要教授的中國歷史，是中國人的歷史，為何要用港英政府的定性以及角度來教授？中國人的角度是必須的。問題是在香港的中國人本身對此都沒有共識，中央政府對騷亂的發起、過程的控制、事後的檢討而成的定性，在香港參與的很多人都未必苟同；而且中央文件都還沒有公開，港英政府政治部的文件還封存在英國。教師要教，可以請當時負責鎮壓的警察和被打得頭破血流的學生同台辯論嗎？他們從某一特定角度看到的史料有多大可靠性？

中國人的歷史還要看從哪個政府的說法，「八年抗戰」是國民黨政府的立場，1931 年東北淪陷後國民黨還「先安內後攘外」，國民政府 1937 年開始抗日前，東北抗日聯軍孤軍作戰就不算是抗日嗎？人家流血犧牲就白白犧牲了嗎？現在跟隨中央政府說「十四年抗戰」為甚麼不可以？

爭議四：課堂教甚麼是教師自主嗎？

教育局負責制訂課程綱要，可以請專家來負責，目前由中文大學文學院院長梁元生任專責委員會主席，沒有爭議；但該委員會提交的意見，難道教育局就毫無保留地接受？怎麼就變成教育局在這事上沒有既定立場？更離譜的是制定了課綱，就是給教師作為執行的準則，為甚麼教甚麼不教甚麼完全由教師來決定？為甚麼教育局在這事上還是沒有既定立場？

現在的問題是對於一些極大爭議的歷史事件，比如六四事件，由於史料不足，或者不夠全面，連歷史學家都沒有定論。為甚麼對於這樣一些極其爭議的歷史事件，可以由任教老師來決定是否教、如何教？萬一他們的意見是片面的、以偏概全的，甚至是帶政治偏見而故意歪曲的，怎麼就可以把決定權讓給他們呢？教育局的官員推責卸膊，他們對公務員的工資標準也沒有既定立場嗎？

爭議五：是中國史還是香港史？

現在要列為必修課的是中國歷史，不是香港史。相信沒有人會反對新增香港史作為一門課，但歸根究柢是中國史。香港是中國一部分，但香港史在中國史的比例上應該佔多少？按中國5,000年發展史的比例來劃分嗎？任何省份在教授中國史可能都會補充該省份在歷史事件或者發展階段中的地位，香港史在中國近現代史中肯定有一席之地，但該從甚麼角度投射？重要性有多大？都要認真琢磨。

目前在課時劃分香港史佔 10%，不知是否有不同意見。但

「反英抗暴」事件對香港影響嚴重嗎？對中國發展方向影響重大嗎？嚴重與重大的程度從比例上看足以成為必教的內容嗎？

香港從來沒有停止過爭議，也不應該放棄爭議而由任何一方的政治勢力來決定。建制派來決定教甚麼不教甚麼，跟反對派來決定，同樣危險。現在要決定的，不是哪一個政治派別來決定，而是把問題的性質搞清楚，誰該負甚麼責任？誰來對甚麼問題做最後決定？而不是「盲頭蒼蠅」般亂飛亂指。

（原刊於 2017 年 11 月 7 日《明報》）

創新官員下馬　教育改革堪憂

　　河北涿鹿縣教育局長，因不滿當局要求他改變原來的改革，罷官下野，官員因堅持理念而辭官甚為罕有，其反映更大的問題是教育改革前景。中國現有培養人才的方法已經落後於社會發展的需要，再不改就是禍延下一代。

　　涿鹿縣教育局長郝金倫支持的一種做法叫「三疑三探」，讓學生「設疑自探、解疑合探、質疑再探和運用拓展」。實際上跟體驗式學習，探究式學習類似，培養學生獨立思考能力，自主尋找答案的能力與視角。這些在國際上並非新鮮的做法，卻遭家長質疑，採取聯署、上訪甚至抗議的方法，要求回歸傳統，以及罷免教育局長。

　　縣政府原來支持改革，但在羣情洶湧之下改變初衷。郝金倫在辭職時說，他服從決定，但回到傳統的教學模式，超越他的底線，他無法執行。他在官場有這種勇氣與堅持是難得，但他也有做得不夠的地方。

　　任何改革，受到影響的任何一方都有話語權，教育的相關利益者就是政府、學校、教師、學生以及家長。

　　據報道，部分學校和老師以及學生對這個做法都十分支持，唯獨家長有所保留。他們擔憂打破傳統做法，學生的成績無法獲得保證，高考以及報考大學一連串問題接踵而來，他們深深知道讓學生操試題，反覆做練習，死記硬背等等做法令學生煎熬，但保守的做法有「成功案例」。既然教育局長敢於創新，就應該跟

家長溝通，努力說服家長支持改革，否則就會變成現在功虧一簣的後果。

改革對於教師來說也是挑戰，探究式學習中沒有標準答案，鼓勵學生獨立思考以及多元視覺，老師在課室的權威地位也會受到威脅，老師必須具備引導學生的能力，以及對課題的把握，才能使學生信服，對於多一事不如少一事的老師來說，改革最好由別人開始。

中國應試教育的弊病，導致學生高分低能，缺乏思考與判斷能力，也沒有自主學習的技巧，早已為人所詬病，連國家主席習近平也表示要改革培養人才的方法；但官僚按章辦事，沒有標準答案，沒有劃一的評比標準，學校與老師的成績難以衡量，最大的問題是考試制度沒有改革，學校和老師也會無所適從。

然而，也毋須為改革擔憂，因為人口下降，大學擴招，應試教育的壓力自然會減退，就業自由以及企業改變對招聘的要求，也會倒逼教育改革；遲與早的問題，取決於官僚的氣魄與決心。

（原刊於 2016 年 7 月 21 日《信報財經新聞》）